大学生身体素质提升系列教材

灵敏性与协调性训练

编著 黄迎兵 袁瑞 张振东

人民体育出版社

图书在版编目（CIP）数据

灵敏性与协调性训练/黄迎乒,袁瑞,张振东编著
. -- 北京：人民体育出版社,2024
 ISBN 978-7-5009-6414-8

Ⅰ.①灵… Ⅱ.①黄… ②袁… ③张… Ⅲ.①灵敏性—高等学校—教材②协调性(运动技术)—高等学校—教材 Ⅳ.①G819

中国国家版本馆CIP数据核字(2024)第010204号

*

人民体育出版社出版发行
北京建宏印刷有限公司印刷
新 华 书 店 经 销

*

710×1000　16开本　11.75 印张　223千字
2024年10月第1版　2024年10月第1次印刷

*

ISBN 978-7-5009-6414-8
定价：59.00元

社址：北京市东城区体育馆路8号（天坛公园东门）
电话：67151482（发行部）　　邮编：100061
传真：67151483　　　　　　　邮购：67118491
网址：www.psphpress.com
（购买本社图书，如遇有缺损页可与邮购部联系）

内容介绍
Introduction

为加强普通高校大学生素质教育，有效提高大学生体育文化素养，本书在归纳、总结众多灵敏性和协调性训练方法的基础上进行了创新，一是采用中英文对照的编写方法；二是针对灵敏性和协调性锻炼建立起了一套完整的训练体系；三是明确了每个训练动作的练习目的，使读者能够根据所需进行更具有针对性的练习。

在参考大量文献和最新研究成果的基础上，全书用五章内容详细介绍了普适性的灵敏性和协调性的训练方法。对在体育锻炼方面不同水平和不同层次的大学生来说，本书提供了丰富的、最简单易行的和最具有参考意义的身体灵敏性和协调性训练方法。

本书在编写过程中努力实现内容丰富、材料翔实、图文并茂的目标，集科学性、专业性、知识性、趣味性、可读性于一体，使其既可作为普通高校体育文化素质教育的教材，也可作为大学生提高自身体育文化素养的自学读物和锻炼指南。

前 言
Foreword

　　随着我国素质教育的全面推行与基础教育向素质教育的全面转轨,要求当代大学生德、智、体、美、劳全面发展。一方面,大学体育是学校体育与社会体育的衔接点,是大学生健身意识、终身体育习惯和体育能力形成的关键期,随着校园体育文化的快速发展,学校体育的地位逐渐提高;另一方面,当代大学生身心日趋成熟,思维活跃,认知和判断能力都达到了较高水平,是接受高层次教育与实现人格社会化的最佳时期。

　　《体育强国建设纲要》提出持续提升体育发展的质量和效益,大力推动全民健身与全民健康深度融合,不断满足人民对美好生活的需要的指导思想,明确了坚持以人民健康为中心,制订并实施全民健身计划,普及科学健身知识和健身方法,因时、因地、因需开展全民健身活动的战略任务。

　　体育文化素养是在先天遗传素质的基础上,通过后天环境与体育教育的影响形成的,包括体质水平、体育知识、体育意识、体育行为、体育技能、体育个性、体育品德等要素在内的综合素质与修养。体育文化素养是大学生各种体育精神要素及其品质相结合而形成的一种体育素质。提升大学生体育素质,增进大学生健康水平,符合素质教育的时代要求,得到了我国高等教育的广泛认同和重视。

　　大学生体育素质主要是依托高校体育教育,在促进大学生全面发展,传授体育知识和能力,培养体育道德的教育过程中逐渐形成的,是体育锻炼和思维活动相辅相成的教育结果。体育教育是区别于大学其他学科的一种不同的教育方式,在大学生素质教育中起到了提高身体素质与体育技术能力、促进心理健康、传播体育知识与文化的重要作用。

高校进行体育教学的目的不仅是加强学生的身体素质，更重要的是培养学生的体育精神。在体育教学过程中，身体灵敏性和协调性的训练是重要教学内容之一，灵敏性是指人的反应的速度和准确度；协调性是指人在运动时，机体各器官系统、各运动部位配合一致，完成练习的本领。

在进行体育运动的过程中，灵敏性和协调性是正确完成动作的基础，对学生进行灵敏性和协调性训练，不仅可以培养学生的创新体育能力，还能有效地培养学生的终身体育意识。同时，灵敏性和协调性也是反映高校大学生体育能力的重要指标，还是反映学生体育技能高低的客观凭证。对于高校大学生而言，身体灵敏性和协调性不仅是体育运动的基本能力，也是体育意识的重要环节。在进入大学之后，通过更加系统的灵敏性和协调性训练，能够更好地培养学生对体育的认识，通过深化大学生的体育认知，培养终身体育意识。

全书用百余种训练方法，加配高质量示范图，对具有普适性的灵敏性和协调性动作进行解析，并介绍了每个训练方法的训练目的。在编写过程中，结合大学生的身体特点，从学生的兴趣入手，以深入浅出的语言、图文并茂的形式，由浅入深、由易到难，递进式总结出身体灵敏性和协调性的训练方法。

本书的顺利出版，离不开陈永欢、张航琪、王泽远、尚远、司马昊翔及李庆余这六位研究生的全力协助，我们对此深表感谢！在编纂此书的过程中，我们广泛参考并汲取了众多中外文献及前沿成果，这些智慧结晶的启迪与贡献，我们同样致以诚挚的感谢！然而，鉴于我们的学识水平及编写时间紧迫，书中难免存在疏漏与不足之处，我们恳请业界专家及广大读者批评指正，您的宝贵意见将是我们不断进步的源泉，对此我们深表感激。

目 录
Contents

第一章　灵敏性与协调性概述 …………………………………………（ 1 ）

　　第一节　身体素质的概念与评价 ……………………………………（ 1 ）

　　第二节　灵敏性的概念 ………………………………………………（ 4 ）

　　第三节　协调性的概念 ………………………………………………（ 5 ）

　　第四节　灵敏性与协调性的重要性 …………………………………（ 8 ）

　　第五节　发展灵敏性与协调性的注意事项 …………………………（ 9 ）

　　第六节　对当代大学生灵敏性、协调性的要求 ……………………（ 12 ）

第二章　影响灵敏性的因素 ……………………………………………（ 13 ）

　　第一节　速度因素 ……………………………………………………（ 13 ）

　　第二节　力量因素 ……………………………………………………（ 18 ）

　　第三节　功率因素 ……………………………………………………（ 22 ）

第三章　影响协调性的因素 ……………………………………………（ 25 ）

　　第一节　交互抑制因素 ………………………………………………（ 25 ）

　　第二节　力量因素 ……………………………………………………（ 27 ）

　　第三节　耐力因素 ……………………………………………………（ 28 ）

　　第四节　心智因素 ……………………………………………………（ 30 ）

第五节　本体感受器因素…………………………………………（31）

第四章　灵敏性训练方法…………………………………………（34）

　　第一节　动态热身活动……………………………………………（34）

　　第二节　直线训练法………………………………………………（41）

　　第三节　锥桶训练法………………………………………………（50）

　　第四节　绳梯训练法………………………………………………（58）

　　第五节　小栏架训练法……………………………………………（71）

　　第六节　灵敏环训练法……………………………………………（80）

第五章　协调性训练方法…………………………………………（90）

　　第一节　反向训练法………………………………………………（90）

　　第二节　节奏训练法………………………………………………（94）

　　第三节　复杂组合练习法…………………………………………（100）

　　第四节　本体感觉性练习…………………………………………（109）

　　第五节　念动练习法………………………………………………（112）

第六章　不同体育项目的灵敏性与协调性训练…………………（114）

　　第一节　篮球………………………………………………………（114）

　　第二节　足球………………………………………………………（122）

　　第三节　排球………………………………………………………（129）

　　第四节　羽毛球……………………………………………………（135）

　　第五节　网球………………………………………………………（141）

　　第六节　乒乓球……………………………………………………（151）

　　第七节　柔力球……………………………………………………（157）

　　第八节　荷球………………………………………………………（164）

　　第九节　柔道………………………………………………………（169）

　　第十节　游泳………………………………………………………（174）

第一章　灵敏性与协调性概述

第一节　身体素质的概念与评价

1. 身体素质概述

身体素质是指人体各个器官和系统在人们的生活、学习、劳动及体育锻炼等各类肌肉活动中所表现出来的机能能力。一般来讲，身体素质包括力量素质、速度素质、耐力素质、灵敏素质、柔韧素质。

作为体质水平评价指标的一环，身体素质是一个人体质好坏的外在表现，其水平与遗传有关，但与后天的营养和体育锻炼的关系更为密切，通过正确的方法和适当的锻炼，可以提高身体素质水平。

体质与身体素质最直观的区别为：体质由形态结构、生理状态、心理状态等的差异性构成，而身体素质由力量、耐力、柔韧等机能构成。

2. 身体素质评价指标

2.1 力量素质

力量素质指的是人体肌肉收缩、舒张时克服或者对抗阻力的能力。力量来源于肌肉，肌肉的收缩形式不同，肌力的表现形式也有所不同。

等张收缩：肌肉收缩时长度变短，但肌肉的张力保持不变。

等长收缩：肌肉收缩时长度不变且产生的张力等于外部阻力。

等速收缩：肌肉在其活动范围内以恒定速度进行最大收缩。

肌肉在等张收缩、等长收缩和等速收缩等不同条件下克服阻力的能力是评价肌肉收缩功能的主要生理学指标。肌肉克服的阻力分为两大类：外部阻力与内部阻力，其中内部阻力主要包括肌肉黏滞力、关节加固力和各肌肉间的对抗力等；外部阻力指的是物体重量、支撑反作用力、摩擦力、空气或水的阻力等。外部阻力是发展人体力量素质的重要动力来源，它促使人体在克服阻力的过程中不断提高和发展自身的力量素质。

无论对于专业运动员、运动爱好者，还是对于普通大学生，力量素质都是日常生活和活动的重要基础素质，任何体育运动都离不开力量素质的支撑。

在体育运动中，根据不同的划分标准，力量素质可被划分为不同的类型。依据力量与运动专项的关系，力量素质可以分为一般力量与专项力量；依据力量表现形式，力量素质可分为最大力量、速度力量及力量耐力；依据力量与体重的关系，力量素质可以分为绝对力量与相对力量；依据肌肉收缩的不同形式，力量素质可以分为静力性力量与动力性力量。

一般来讲，现代大学生运动者所需的力量素质主要包括最大力量、力量耐力及速度力量等。

2.2 速度素质

速度素质是指人体或者人体的某个部位快速运动的能力，是运动员的基本素质之一。速度素质主要分为三个方面：反应速度（对各种刺激快速反应的能力）、动作速度（快速完成动作的能力）及位移速度（快速通过某一距离的能力）。

反应速度是指人体在瞬时刺激下做出反应的能力，以反应时间的长短来衡量，如听发令口号起跑；动作速度是指人体或者人体某部位完成单一或成套动作的速度，以及单位时间内重复动作次数的能力，如投掷运动员掷出器械的速度、排球运动员的扣球速度、跳高运动员的起跳速度、体操和武术运动员完成成套动作的速度以及拳击运动员的出击速率等。

位移速度是指在周期性运动中，人体在单位时间内快速位移的能力。以单位时间内通过的距离或通过一定距离所花费的时间来衡量，如跳高助跑速度、短距离跑的跑速等。

在大多数运动项目中，反应速度、动作速度和位移速度并非独立，往往综合表现出来，但是不同的运动项目对不同速度素质的发展需求也有所不同。

2.3 耐力素质

耐力是指人体长时间持续工作或运动的能力，反映了人体健康水平的高低和体能的强弱。耐力素质是影响生活水平和运动竞技素质的重要因素，往往和速度素质、力量素质结合评价，即速度耐力和力量耐力。

影响大学生耐力素质的因素有：大学生对长时间运动的心理耐受程度、运动器官持续工作的能力、能源物质的储存情况和长时间运动中氧代谢的能力，以及掌握运动技术的熟练程度和功能节省化的水平等。其中，长时间运动出现的疲劳是导致机体工作能力暂时性下降的主要因素。

在体育运动中，根据不同的划分标准，耐力素质可划分为不同的类型。按照耐力与运动专项之间的关系，通常分为一般耐力和专项耐力；按照人体主要器官和系统，通常分为肌肉耐力和心肺耐力；按照供能代谢特点，通常分为有氧耐力和无氧耐力等。

耐力评价指标通常依照耐力分类方法的不同而有所不同。一般耐力通常以持续完成运动的时间或距离进行判断，如常用耐力跑的时间或12分钟跑的距离等。

有氧耐力和心肺耐力通常与个人的最大吸氧量和无氧阈有密切关系，因此常以这两项指标进行评价；无氧耐力一般以无氧性运动的成绩结合血乳酸浓度的变化进行评价；而肌肉耐力通常依据肌肉完成规定强度的练习次数、平均做功能力或者表面肌电信号平均功率、频率变化斜率等物理和生理指标进行检测与评价。

2.4 灵敏素质

灵敏素质是指在各种变换的环境条件下，人体能够迅速、敏捷、协调、准确完成动作的能力，是身体素质、神经反应能力和运动技能水平的综合表现。

在众多运动训练和竞技比赛中，提高运动者的灵敏素质可促进其竞技能力的大幅提高，而全面发展运动者各方面的运动素质，又是提高其灵敏素质的保证。如拳击比赛中，拳击手通过快速躲闪减少受击次数并寻找出拳机会打败对方，但同时，拳击手的速度、力量、耐力和协调等各项身体素质均对其躲闪能力起着重要作用。

不同的运动项目对人体的灵敏素质的要求也截然不同。例如，球类和其他一些对抗性项目，重视反应、判断、躲闪、随机应变的灵敏素质；体操、跳水等需要身体位置迅速改变及空中翻转方面所表现出的灵敏素质；滑雪、滑冰则更加看重身体平衡调整、动作方向改变等方面的灵敏素质。

在体育运动中，根据不同的划分标准，灵敏素质可被划分为不同的类型。根据灵敏素质与专项运动的关系，可分为一般灵敏素质（人体在进行各种运动活动中，在各种突然变换的条件下，迅速、合理、准确地完成各种动作的能力）与专项灵敏素质（人体在专项运动中，迅速、准确、协调地完成专项运动各种动作的能力）。一般灵敏素质是专项灵敏素质的基础。

2.5 柔韧素质

柔韧素质是指人体各个关节的活动幅度以及肌肉、肌腱和韧带等软组织的伸展能力，是有效改进技术的基础，也是提高运动技术水平的基本因素之一。

柔韧素质主要包括关节活动幅度的大小和跨过关节的肌肉、肌腱、韧带等软组织的伸展性。其中关节本身的装置结构是决定关节活动幅度的主要因素；跨过关节的肌肉、肌腱、韧带等软组织的伸展能力则主要影响日常生活和体育锻炼。

在体育运动中，根据不同的划分标准，柔韧素质可被划分为不同的类型。按照外部运动形式，柔韧素质可分为动力性柔韧和静力性柔韧；按照柔韧练习完成表现，柔韧素质可分为主动柔韧和被动柔韧；按照身体位置的不同表现，柔韧素质可分为上肢柔韧、下肢柔韧、腰部柔韧、肩部柔韧等。

柔韧素质是各种运动项目中影响运动技能的主要因素之一，柔韧素质差不仅会使运动技能的掌握变得困难和复杂化，也会大大阻碍关键技术的学习。关节部位的柔韧性不足还会限制力量、速度及协调能力的发挥，使肌肉协调性下降，并影响其他运动素质的发展。此外，柔韧素质低下往往还是肌肉、韧带损伤的重要原因。

第二节 灵敏性的概念

"灵敏"在词典中的解释为："反应快；能对极其微弱的刺激迅速反应。"这是灵敏在汉语中的本真意。在体育领域中，"灵敏"一词指动作灵敏性或运动员的灵敏素质。《运动训练学》将灵敏素质定义为"在各种突然变换的条件下，运动员能迅速、准确、协调改变身体运动的空间位置和运动方向，以适应外界变化着的环境的能力。"

灵敏素质又分为一般灵敏素质和专项灵敏素质。一般灵敏素质是指在正常娱乐性的运动中所需的身体在某种情况下做出的各种被动反应技能，它是专项灵敏素质的基础。专项灵敏素质是各专业运动员在专业运动中需要做出针对性的反应及运动技能，是在一般灵敏素质的基础上，按照其运动项目的需要，运用相对应的技能，并通过长久训练所达到的效果。

体育运动项目不同，对身体灵敏素质的要求也不同。球类项目或是一些对抗性比较强的运动项目，需要的是判断、反应、躲闪以及随机应变的能力，因其项目的动作技巧、动作幅度变化多样，身体各部分变换迅速，动作结构变化大，不像武术、体操及田径等项目是按程度进行的，因此在球类运动中没有固定不变的动作技术，要时刻根据赛场上的形式改变相应的动作技术，变换身体的姿势、方位等。

因此，没有良好的灵敏素质，就无法成为一名优秀的球类运动员。在篮球运动中，一般要求躲闪、突然加速或启动、急停起跳、迅速变换身体位置、运球过人或是配合队友作掩护、争抢篮板球等方面的灵敏素质。足球运动中需要突然变速、急停、盘带过人、铲球、躲避铲球、头顶球、射门及身体各部分触控球等方面的灵敏素质，特别是守门员更要具有较高的反应判断能力。排球需要起跳扣球、倒地滚动、鱼跃救球、反应判断等方面的灵敏素质。

灵敏素质具有明显的项目特点。由于各运动项目具有明显的动作技术要求与差异，对于身体各部分灵敏素质的要求也不同，对神经反应的要求也就不同，因此灵敏素质在各体育运动中的表现也就不同，都具有项目特点。

比如一个优秀的田径运动员对于篮球场上的灵巧多变、战术配合显得力不从心。原因是他们并不具备篮球运动员具有的运动技能，因此不能顺利地完成比赛要求的技术动作，体现不出篮球方面的灵敏素质。而篮球运动员在篮球场上能轻松自如地完成各种技术动作，但在田径场上控制细节方面的灵敏素质就不如田径运动员。

第三节　协调性的概念

协调性是指运动员机体不同系统、不同部位、不同器官协同配合完成技术动作的能力，协调性是形成运动技术的重要基础。协调性通常又可解释为"运动员协调能力"或"运动协调"，是在运动训练语境下对广义"协调"观念的一种相对狭隘的解释。

2012年我国体育院校通用《运动训练学》教材将协调性归为协调素质，并从反应能力、空间定向能力、本体感知能力、节奏能力、平衡能力、动作认知能力等方面进行阐释。从字面意思分析不难理解，"协调"具有协作、协同及调和、调节、调适之意，所以，运动员协调素质可以宏观理解为"和身体活动相关的协作与调节"。

动作协调性是人体运动中应具备的基本能力，是学习掌握和运用运动技术的前提和基础，它直接影响着运动技术的掌握、技战术的运用以及运动成绩的提高。

《运动训练学》指出，协调性是指运动员在运动时，机体各器官系统、各运动部位配合一致，完成练习的本领。研究表明，协调性受遗传因素的影响，但通过后天长期有针对性的训练能够发展和提高，提高的幅度与运动项目的特点有关。

协调性的表现形式是动作，它的基础则是有机体内环境和各器官系统之间的内部联系。它是动作行为发生过程中神经、肌肉、感知觉之间合理配合的结果。具体来说是神经协调、肌肉协调、感知觉协调三大系统的统一。

1. 神经协调

神经协调是指完成动作时神经过程兴奋和抑制的配合和协同。它是由大脑根据其所控制的运动装置之间的循环联系实现的。神经系统的协调，以反射活动的协调为基本方式。

反射活动的协调性表现在机体在完成反射活动过程中身体各肌群之间、肌肉活动与内脏活动之间、各脏器活动之间，表现出同时和先后配合协作一致的现象上、反射性反应的性质和强度同刺激性质和强度之间的相适应上，以及不同效应器有顺序地产生反应上，是神经系统交互抑制、兴奋扩散、优势现象以及反馈活动等复杂的生理过程。

所以说，有机体各器官系统的一切活动，都是直接或间接地在神经系统的控制下完成的。完成动作愈复杂，要求大脑皮质的兴奋与抑制过程配合得愈精确。例如，赛跑、游泳及滑雪等运动员的动作之所以有高度的协调性，是由于经过训练，大脑皮质的兴奋与抑制过程在一定的空间与时间内能够严格地、有节奏地转换。

2. 肌肉协调

肌肉协调是指肌肉适宜与合理的用力。它包括参与工作的肌肉在时间和空间上用力大小、用力速度及用力的先后顺序。从整体上讲，用力的大小取决于参与工作的肌肉和肌纤维的数量，用力的速度和用力的时间程序是肌肉紧张和放松的相互配合。

换言之，完成动作时协调性的表现形式在时间上需要同时配合的协调肌快速收缩、拮抗肌快速放松，在时间空间上是需要先后配合，肌肉依次完成收缩和放松。例如推铅球技术，肌肉的用力顺序是脚蹬地、转腰、展髋、亮胸，从而带动肩肘、前臂、腕、手指依次用力；乒乓球技术中的正手快拉、快攻和快点台内球，前臂不会快速发力，多半是由于对抗肌没有及时放松而影响了协同肌的收缩速度，就是我们说的爆发力不好。

肌肉的协调可分为肌肉内协调、肌间协调和肌群间协调。肌肉内协调是一块肌肉内的肌纤维的协调；肌间协调是各块肌肉紧张和放松的协同配合；肌群间协调是肌群间紧张和放松的相互配合。肌肉的协调除神经支配外，还与肌肉本身的结构、肌肉成分、肌肉内各种本体感受器的适应性等密切相关。要使肌肉有较好的协调性，需要较长时间的专门训练，以改善肌肉的结构、提高本体感受器的适应能力，不能简单地认为有了神经协调就可以保证肌肉的协调。

3. 感知觉协调

感知觉协调包括内感受器协调和外感受器协调。所谓内感受器，是人体内肌肉、肌腱、关节感受肌体被牵拉和运动刺激的感受器，以及内脏和血管感受压力变化和血液化学成分变化的感受器。外感受器则是体表的眼、耳、鼻、舌、皮肤感受光、声、化学以及温度和机械等外界环境刺激的感受器。感知觉的好坏取决于各种感受器所提供的信息。

总之，在体育运动中，完成每个动作都依赖于大脑神经的调配，各种感受器对内、外环境变化的感受，以及肌肉之间合理用力的相互作用。无论动作怎样变化，总是先由各种感受器接受内外环境变化的刺激，将刺激能量转化为神经冲动，从而产生大脑皮质兴奋与抑制的相互转化，来支配和调动肌肉积极工作，进而产生规律性的反应，使动作看上去舒展、协调、合理、准确。

第四节　灵敏性与协调性的重要性

灵敏性是协调发挥各种身体能力、提高技术动作质量和创造优异运动成绩的重要条件。它在各个运动项目中的作用主要有以下两点：第一，能够保证人准确、熟练、协调地完成动作，取得优异的运动成绩。第二，能够灵活、巧妙地战胜对手，取得比赛的胜利。

协调性一般指运动协调能力，运动协调能力是综合的神经机能能力，其表现形式即运动协调。人体运动协调能力由反应能力、空间定向能力、本体感知能力、节奏能力、平衡能力、与动作认知有关的认知能力等多种要素构成。良好的协调能力有助于运动员迅速地建立起大脑皮质中相关中枢之间的暂时联系，更快地形成动力定型，高质量地掌握运动技巧；有助于运动员更好地适应运动时的外部环境；有助于运动员在完成相同的练习时更节省体力；有助于减少运动创伤的发生。

灵敏性与协调性没有客观衡量标准，只有通过动作的熟练程度来显示。如力量用重量来衡量，单位是公斤；速度采用距离和时间的比来衡量；耐力用时间的长短或重复次数来衡量；柔韧用角度、幅度来衡量；而灵敏性与协调性只有用迅速、准确、协调完成动作的能力来衡量。

例如，运动员的躲闪能力必须通过躲闪动作来体现，而躲闪的快慢就表现了灵敏素质。但完成躲闪动作是以各素质的协调配合为基础，反应判断的快慢决定躲闪动作的快慢，速度、力量又决定了反应动作的快慢，反应所用到的肌肉与关节配合的默契程度又在一定程度上体现了运动员的身体协调性。因此，运动员在没有做出躲闪动作之前则无法衡量其在躲闪方面的灵敏性与协调性，诸如急跑急停、转体、平稳等动作也都如此。

因此，身体素质越好，完成动作越熟练，完成动作时四肢配合越默契，表现出的灵敏性与协调性就越好。不可离开其他素质和运动技能单独研究灵敏性与协调性，这两种素质只有通过熟练的动作才能表现出来，不会单独存在。

灵敏性与协调性的发展水平主要从以下三个方面进行评价：

第一，是否具有快速的反应、判断、躲闪、转身、翻转、维持平衡和随机应变的能力。

第二，在完成动作时，是否能自如地操纵自己的身体，在任何不同的条件下都能准确、熟练地完成动作。

第三，是否能把力量（爆发力）、速度（反应速度）、耐力、协调性、节奏感等素质和技能通过熟练的动作综合表现出来。客观实践证明，具有高度灵敏素质的人，可以随心所欲地控制自己的肢体，熟练自如、准确地完成动作。

第五节 发展灵敏性与协调性的注意事项

灵敏性与协调性是人体综合能力的反映，受遗传因素影响很大。为了提高这两项素质，教练员应尽可能采取逐渐增加复杂程度的练习方式，也可以通过改变条件、器械、器材等方式增加技术动作的复杂性和难度。同时，还应着重培养和提高运动员掌握动作的能力、反应能力、平衡能力、观察能力、节奏感等。

1. 发展灵敏性的注意事项

1.1 练习方法、手段应多样化并经常改变

灵敏性的发展与各种分析器官和运动器官机能的改善有密切的关系。人体能否在运动中表现出准确的定向、定时能力和动作准确、迅速变换的能力，都取决于各种分析器官、运动器官功能的提高。而人体一旦对某一动作技能熟练到自动化程度时，再用该动作去发展灵敏素质意义就不大了。

为此，发展灵敏性练习的方法应是多种多样的，并且要经常改变。这样不仅可以帮助人们掌握多种多样的运动技能，还可以提高人体内各种分析器的功能，在运动中能够表现出准确的定向定时能力，还能表现出动作准确、变换迅速的能力。

1.2 掌握本专项一定数量的基本动作

运动技能的本质是条件反射，在大脑皮质中建立的暂时联系的数量越多，临场时及时变换动作的暂时联系的接通就越迅速、准确，在已掌握的运动技能的基础上，可以快速形成新的应答性动作来应付突然发生的情况。因此，应尽量多掌握一些基本的动作、基本技术及战术等，这样做有利于提高灵敏性。

由于灵敏性是人体综合能力的表现，发展灵敏素质必须从培养人的各种能力入手，在练习中广泛采用发展其他身体素质的方法来发展灵敏性，并培养掌握动作的能力、反应能力、平衡能力等。

1.3 抓住发展灵敏性的最佳时期

青少年儿童时期神经系统发育最早、最快，因此他们具有较好的反应能力，动作速度、平衡能力、节奏感等方面具有很大的发展潜力，这些都为发展灵敏素质提供了有利的条件，因此应抓住这一时期进行灵敏性练习。

1.4 灵敏性练习时应注意消除练习者的紧张心理

在进行灵敏性练习时，教练员应采用各种有效的方法与手段，消除练习者紧张和恐惧的心理。因为人心理紧张时，肌肉等也必然紧张，会使反应迟钝，动作的协调性下降，影响练习的效果。

1.5 合理安排训练时间

灵敏性训练在整个训练过程中都应该适当安排，使之系统化。但训练时间不宜过长，练习重复次数不宜过多。因为肌体疲劳时运动员力量水平会下降，速度将减慢，节奏感被破坏，平衡能力会降低，这些都不利于灵敏素质的发展。

有经验的教练员都是根据不同训练过程的特点来安排灵敏性的训练。如随着比赛临近，技术训练比重增加，协调能力的训练应相应加强。准备期以一般灵敏素质训练为主，比赛期以专项灵敏性训练为主。在一次训练课中，应把灵敏素质的训练安排在课的前半部分，让运动员在体力充沛、精神饱满、运动欲望强的状态下进行练习。

1.6 灵敏性的练习应有足够的间歇时间

在进行灵敏性练习的过程中，应有足够的间歇时间，以保证氧债的偿还和ATP能量物质的合成。但休息时间又不可过长，休息时间过长会使中枢神经系统的兴奋性大幅度下降，在下次练习中就会减弱对运动器官的指挥能力，使动作协调性下降、速度减慢、反应迟钝，这必然影响练习的效果。一般练习时间和休息时间可控制为1∶3的比例。

1.7 应结合专项要求进行训练

灵敏性具有专项化的特点。经验丰富的教练员会针对本专项对灵敏性的特殊要求安排灵敏性训练，使训练效果与专项要求相一致。例如，篮球运动员应多做发展手部的专门灵敏性训练，以提高手感和控球能力；足球运动员应多做一些脚步移动和用脚控球的练习；体操项目运动员应多做一些移动身体方位的练习等。此外，还应注意控制练习者的体重。

2. 发展协调性的注意事项

2.1 注意与其他能力的密切结合

运动员的协调能力受到时间、空间或动力控制等多种因素的影响。改善运动员协调能力的训练中，在关注某一能力改善的同时，应注意与全面改善综合协调能力的结合。

2.2 重视安排多种项目训练

少年儿童运动员应该注重更多运动项目的练习，尤其要重视多安排体操训练，以有效提高运动员肌肉协调能力、空间感知能力及平衡能力。

2.3 协调训练要连续进行

协调素质的训练应作为每天的重要训练内容来安排，对于一些动作相对单一的运动项目则尤为重要。

2.4 开拓更多的训练手段

在周期性项目中，协调能力的专门练习手段较少，因此，随着运动技术水平的逐步提高，应在完成习惯性练习的同时开拓更多的训练手段。如不常用的开始姿势；运用各种扩大动作幅度的练习器械和专门设备；改变训练条件和环境等。

2.5 注意结合专项

由于协调性具有明显的项目特征，因此，要密切围绕专项需要进行协调性训练。

第六节　对当代大学生灵敏性、协调性的要求

《全国学生体质与健康调研报告》显示，1985—2010年，中国青少年学生身体形态、生理功能和身体素质多个指标呈现出不同程度下降的现象。报告显示，2008年以来，学生体质健康下降趋势得到一定程度的遏制，但整体上指标值仍然令人担忧。大学生身体素质下降幅度虽然减小，但继续呈现缓慢下降趋势；视力不良检出率继续上升，并出现低龄化趋势；肥胖检出率也继持增加。

灵敏性与协调性是身体素质和多种运动机能在运动中的综合表现，大学生的体育运动水平和灵敏、协调素质有着极大的关系。

在体育运动中，人们逐渐掌握了一定的运动技能，而灵敏、协调素质决定了运动技能的掌握程度。在运动技能形成的过程中，灵敏、协调素质主要通过速度、力量、耐力以及身体的灵活性等对其产生影响，良好的灵敏、协调素质对运动员及普通学生掌握各项运动技术、建立正确的技术动力定型、形成良好的肌肉本体感觉等都产生重要的影响。

因此，提升当代大学生的灵敏性与协调性，可以促进其身体各项素质的共同发展，有效提升其体育运动水平，改善体质健康。

第二章　影响灵敏性的因素

灵敏性素质是一项重要的复合运动素质，是各基本运动素质、运动技能以及心理感知能力的综合体现，是所有技能类对抗性项群各个项目的核心运动素质之一，是掌握、完善技术和战术的基础，也是集体性运动项群运动战术形成的基本素质。衡量灵敏素质的标志主要有快速性、准确性、协调性和应变性。灵敏素质与运动员的速度、力量、爆发力、反应和协调性密切相关。

第一节　速度因素

1. 速度素质概述

速度素质是影响灵敏性的主要因素，我国学者田麦久教授在其所著的《运动训练学》中对速度素质的定义是："速度素质是指人体快速运动的能力，也即指人体或人体某部分快速移动，快速完成动作和快速做出运动反应的能力。"

根据速度素质的定义，结合生理学基础我们可以得出速度素质是人体在神经系统支配下，以高能物质ATP-CP为主要能源，进行快速运动的能力。简言之，速度素质是指人体对各种刺激迅速发生反应和用最短时间完成规定的单个动作或通过一定距离的活动能力。速度素质可以分为反应速度、动作速度和位移速度三种表现形式。

2. 反应速度

反应速度是指运动员对各种刺激产生反应的快慢，例如，游泳运动员从听到发令信号开始到起动结束的时间。大部分运动项目如篮球、足球和乒乓球等，都需要运动员能够在瞬间完成对应激刺激正确而迅速的反应。

反应速度决定了运动员能够快速、准确改变运动方向和动作方向。反应时是决定反应速度快慢的基础。反应时也称反应潜伏期，是指运动员接受刺激与作出肌肉动作之间的应答时间。反应时涉及以下过程：第一，某些感觉器官被刺激而唤起兴奋；第二，兴奋沿传入神经传到中枢；第三，一旦兴奋冲动传到大脑中枢，就要根据过去的经验进行分析，刺激方式越复杂，在中枢分析的时间就越长；第四，沿着传出神经，把中枢发出的冲动传到相应的肌肉群；第五，肌肉根据刺激的特点与要求作出相应的回答。整个过程都有时间延搁，其中在大脑皮层内延搁的时间最长。因此，影响反应速度的因素有以下几个。

2.1 感受器（视、听、触觉等）的敏感程度

感受器越敏感，越能缩短对各种信号刺激的感受时间。感受器的敏感程度在相当程度上受到注意力集中程度与指向，以及感受器疲劳程度的制约。如射击运动员长时间地进行瞄准练习后产生视觉疲劳，反应时就会延长。

2.2 中枢神经系统机能的在枢延搁

中枢神经系统机能的在枢延搁是大脑中枢对刺激信号分析的结果。刺激信号的选择性越大，反射活动就越复杂，历经的突触也越多，分析的时间也就越长。中枢对刺激信号的分析时间主要和两个因素有关：其一是中枢神经系统的兴奋性，其二是条件反射建立的巩固程度。例如，中枢系统兴奋性高时反应时就缩短，疲劳时反应时则延长。又如，随着动作技能的日益成熟，反应时就会明显缩短。简单反应时平均可以缩短11%~18%，而复杂反应时则平均可以缩短15%~20%，并且反应的稳定性也有很大程度的提高。

2.3 效应器（肌纤维）的兴奋性

肌肉紧张时比放松时反应时要缩短7%左右，另外，肌肉疲劳时反应时明显变长。根据以上分析，注意力的集中程度与指向、疲劳程度与反应过程的巩固程度对反应速度有相当大的影响，在反应速度的教学与训练中要引起充分的重视。

2.4 运动技能的巩固程度

反应速度会随着运动技能的不断巩固与熟练而加快，经过研究发现，通过有针对性的训练能够提高反应速度，而且反应时间能够在原有基础上缩短11%~25%。

3. 动作速度

动作速度是指完成单个动作的快慢，如篮球运动员双手胸前传球的手臂推送速度等。动作速度决定了运动员是否能够快速或重复完成动作或复杂动作及迅速改变身体姿势。影响动作速度的因素有以下几个。

3.1 神经活动过程的灵活性

神经活动过程的灵活性主要指运动神经中枢兴奋与抑制之间快速的转换能力以及神经与肌肉之间的协调能力。人体各种形式的快速运动，都是神经中枢活动高度协调的表现。只有高度协调，才能保证在快速运动时，迅速地使所有必要的肌肉协作参与活动，并抑制拮抗肌的消极影响，发挥出最高速度。

3.2 肌肉力量发展水平

肌肉力量的发展水平是影响动作速度的重要因素。从力学公式中可以知道，力量等于人体质量与加速度的乘积，力量越大，则加速度也越大。加速度越大，人体运动速度就越快。由于人体质量与人体加速度成反比，故要最大限度地提高人体加速度，对力量的要求更偏重于相对力量。相对力量越大，肌肉就能越容易在运动中克服内、外部阻力，产生快速的收缩速度。

3.3 肌纤维的类型和肌肉用力的协调性

肌肉的快速收缩是速度素质的基础。从肌肉的结构来说，人体骨骼肌分为快肌纤维（白肌纤维）、慢肌纤维（红肌纤维）和中间型肌纤维三种。快肌纤维主要靠糖酵解供能，并具有较高的脂肪、三磷酸腺苷（ATP）、磷酸肌酸（CP），但活动时容易疲劳。

不同人体内快、慢肌纤维所占百分比是不同的，这种百分比受遗传影响，后天不可能相互转化，只能通过中间型肌纤维的作用进行功能上的代偿。人体肌肉快肌纤维百分比越高，快速运动的能力也越强。例如，速度性项目优秀运动员的快肌纤维比耐力性项目运动员多得多。

另外，良好的肌肉弹性以及主动肌和拮抗肌之间的协调交替能力也是实现快速运动、准确完成动作技术的重要保证。

3.4 肌肉中能量物质的储备、分解和再合成的速度

肌肉收缩的速度首先取决于肌纤维中动用化学能的速度与强度，以及化学能转变为收缩机械能的速度与强度，同时也在很大程度上取决于兴奋从神经向肌肉传导的速度与强度，以及释放和分解三磷酸腺苷（ATP）的数量和速度。

所以，首先，速度与肌肉中三磷酸腺苷的含量有关，与神经冲动传入肌肉时三磷酸腺苷的分解速度有关。其次，快速能力是以肌肉收缩和舒张的迅速转换为前提的。要使肌肉舒张，并能进行下一次收缩，必须使它收缩时消耗的三磷酸腺苷有比较完全的恢复和再合成。如果三磷酸腺苷完全耗尽，肌肉就不能继续工作。因此，速度又取决于肌肉收缩的间歇中三磷酸腺苷再合成的速度。

在肌肉快速收缩中，三磷酸腺苷的再合成是靠肌肉中磷酸肌酸（CP）分解释放出能量完成的。磷酸肌酸也是速度素质的物质基础。人体快速运动的能力越强，其肌肉中磷酸肌酸的含量就越高，同时肌肉中糖酵解的活动能力也越强。

4. 位移速度

位移速度是指周期性运动过程中（如跑步和滑雪等）人体通过一定距离的时间。影响位移速度的因素有以下几个。

4.1 神经活动过程的灵活性

神经系统的灵活性不仅会影响肌肉的猛烈收缩，而且对肌肉随意放松的能力也有直接的影响。随意放松肌肉是神经中枢合适的抑制状态造成的。运动员在发展位移速度时，如果能充分放松肌肉，就能较长时间维持高速运动。中枢神经系统兴奋与抑制转换的持续时间与转换速度的快慢有关，转换速度越快，转换持续时间越短。在进行高速度运动时，中枢神经很快就会疲劳，从而降低运动速度，甚至使运动完全停止。

4.2 人体形态

人体形态对速度的影响主要在于四肢的长度。在其他条件相同的情况下，上、下肢的长度与该部位的运动速度成正比。上下肢的长度越长，该部位的运动速度就越快。人体四肢的运动形式是肢体绕关节轴转动，效应部位（手或脚）离轴心的距离越远，运动速度就越大。径赛运动员下肢的长度也是影响运动成绩的重要因素。所以，对运动速度要求较高的体育竞技项目，都把人体形态作为一个重要的选材指标。

4.3 关节的柔韧性

在运动员运动过程中，关节的柔韧性对大幅度完成动作（如步幅）的作用十分明显，这对于要求快速奔跑的项目十分重要。因此，在发展速度（特别是位移速度）的过程中，安排适量的柔韧练习对位移速度的提高具有积极意义。

4.4 技术

动作速度和位移速度往往也会受到技术的影响，运动员的快速能力在很大程度上取决于完善的运动技术。动作的幅度与半径大小、工作距离的长短与时间、动作的方向、角度及部位等均与速度的快慢有密切关系。合理、有效的技术可以通过缩短运动杠杆、正确摆正重心、有效地使用能量等快速完成，并使动作完成得更省力、更协调。

反应速度、动作速度、位移速度还和运动员注意力的集中程度有很大关系。注意力的集中程度实际上是一种心理定向能力。这种能力不仅影响中枢神经系统兴奋与抑制快速转换的速度，而且对肌肉纤维的紧张程度也有一定影响。另外，注意力还表现在人体对快速、随意运动的感觉与控制，这对发展人体快速运动的能力是十分重要的。因此，在发展速度素质的练习中，千万不能忽视对运动员注意力的要求。此外，运动员是否有勇敢顽强的精神，是否有坚定不移的信心与意志以及果断的性格，能否保持适度的兴奋和稳定的情绪等，都是影响速度素质发展的重要因素。

第二节 力量因素

1. 力量素质概述

力量是人体对抗阻力的能力，力量是速度、灵敏、协调和柔韧等身体素质的基础。人体的运动是在中枢神经系统调控下通过肌肉收缩产生的力完成的。因此，有目的地改善肌肉的形态、组织结构对发展力量素质具有重要意义。力量是肌肉或肌群产生的最大作用力。

2. 与人体生长发育有关的因素

2.1 性别

一般男性的力量比女性大，这主要与肌肉的大小有关。科学研究证明，一般成年男性肌肉重量约占体重的40%～45%，而女性则占35%，女性的力量平均约是男性的2/3。但并非所有肌群均成此比例。若男性力量为100%时，女性的前臂屈、伸肌群约为男性的55%；手指内收肌、小腿伸肌约为65%；髋关节屈、伸肌、小腿屈肌、咀嚼肌约为80%。

长期进行力量训练，女性肌肉力量的增加和肌肉体积的增大都要比男性慢。肌肉增大主要受体内睾丸酮激素的调节，正常男性这种激素比正常女性多，所以无论肌肉力量增加多少，女性的"肌肉肥大"总不如男性。

2.2 年龄

力量素质的发展有着明显的年龄特征。一般规律是10岁以前，随着人体的生长发育，无论男孩还是女孩，力量一直缓慢而平稳地增长，两者区别不大。从11岁起，两者最大力量的差异开始显露，男孩增长稍快，而女孩增长缓慢。青春期过后，力量仍在增长但增长速率很低。女性达到最大力量约在20岁左右，男性约在25岁左右，而后随着年龄的增长减退。

2.3 体型

科学实践证明，运动训练能影响人的体型，而体型也能影响人的运动能力。同样地，体型的差异与力量的大小有着密切的关系。体格健壮的运动员由于肌肉较发达，一般力量素质也较好。体型匀称的运动员力量素质次之，不过这种体型的运动员一般肌肉线条比较清晰，因此往往具备比较好的速度与力量素质，但是体型细长的运动员力量素质相对较差。肥胖型运动员最大力量素质应该比较优秀，因为这种体型的人体重大，但是若从相对力量的角度看，则其力量水平就不高了，因为脂肪含量高。体脂率过高也会影响肌肉力量的发展。

2.4 脂肪

脂肪组织聚集在内脏的四周、骨骼肌表面（肌肉与皮肤之间）和骨骼肌中，肌肉中的脂肪不仅不能收缩，而且在肌肉收缩时还会产生摩擦，从而降低肌肉的收缩效率。脂肪太厚也会影响肌肉的发展。有的专家认为青少年肥胖会影响睾丸酮激素的发展。通过运动训练可以减少肌肉内脂肪，从而提高肌肉收缩效率，增强力量。脂肪的多少与相对力量的大小密切相关，因为减少了脂肪就意味着减轻了体重，故相对力量也就得到了提高。所以，竞技体操、摔跤、举重等运动项目都十分重视控制运动员体内脂肪的含量，以提高他们的相对力量。

3. 肌肉的形态和组织结构

3.1 肌纤维类型

肌肉力量取决于不同类型肌纤维在肌肉中所占的比值。肌纤维通常分为白肌纤维（快肌纤维）、红肌纤维（慢肌纤维）和中间型肌纤维这三种类型。人体肌肉中，无论男性、女性或者老年、中年、青少年皆有白肌纤维和红肌纤维，只是两者的比例不同而已。

科学研究证明，运动员从事强度大或时间短的运动项目，肌肉中所含有的白肌纤维比例较高，而运动员在从事强度低或时间长的耐力性运动项目，肌肉中所含的红肌纤维比例较高。研究表明，白肌纤维的无氧代谢能力比红肌纤维强，白肌纤维中促使ATP-CP系统快速作用的酶的活性比红肌纤维强3倍，白肌纤维中促使糖酵解的酶的活性比红肌纤维强2倍以上，而且白肌纤维中支配其运动的神经元传导速度更快，使白肌纤维达到最大张力的时间比红肌纤维缩短了3倍。所以白肌纤维最适于短矩离、高强度的运动项目。

综上所述，力量素质主要由肌肉中白肌纤维的数量决定。

3.2 肌肉的生理横断面

肌肉的生理横断面越大，肌肉收缩时产生的力也越大，两者呈正相关。肌肉的生理横断面为该肌所有肌纤维横截面的总和。肌肉横断面增大，是由肌纤维增粗造成的。肌纤维增粗表明肌纤维中的能源物质三磷酸腺苷（ATP）和磷酸肌酸（CP）增加，肌结缔组织增厚，肌糖元含量增多，毛细血管开放密度加大，肌凝蛋白质含量增多，从而提高了肌纤维的质量，也大大提高了每根肌纤维的负力，进而提高了最大力量。有的学者通过科学研究论证肌肉横断面每增加1平方厘米，可提高力量6~12公斤。

3.3 肌肉的初长度

人的肌力与肌肉收缩前的初长度有关。在一定范围内，肌肉的初长度长或肌肉弹性拉长后，则肌肉收缩时产生的张力和缩短的程度就越大。因为肌肉拉长时，肌梭将感知肌纤维长度变化产生冲动，会提高肌纤维回缩力来对抗拉力，当长度拉到一定程度将引起牵张反射，可提高肌力的发挥效率。

科学研究证明，一个人的力量取决于肌肉的体积。肌肉体积发展的潜力主要由肌肉长度（肌肉两头肌腱之间的长度）决定。肌肉的适宜拉长比其自然长度产生的收缩力要大。但这种肌肉弹性的拉长必须在其解剖学限度内进行，而且要在不断适应生物刺激条件下逐渐地拉长。

3.4 肌肉的牵拉角度

肌肉收缩牵拉骨骼进行运动时，犹如在做杠杆运动，在整个活动中，随着杠杆的移动，肌肉在不同位置以不同角度牵拉，其力量大小是不一样的。例如，当负重屈肘做弯举时，肘关节角度为115°~120°时，肱二头肌张力最大，30°时张力最小。膝关节弯曲164°和130°时，腿的力量几乎表现一致，屈膝低于130°时，腿的力量则下降。肌肉不同的牵拉角度对力量素质的影响，以及完成技术动作用力正确与否关系较大。这是进行技术分析、改进技术动作必须慎重考虑的问题之一。

4. 中枢神经系统的调节机能

4.1 神经过程的频率和强度

肌肉的收缩由神经传导电脉冲引起,一次脉冲可引起肌肉收缩一次。若在肌纤维还没有完全松弛时,新的脉冲信号又传来,就会出现肌肉的重叠收缩,能产生更大的力量。科学的训练可促使练习者中枢神经系统传出的神经冲动频率高、强度大。

在同一时间里,动员肌肉内更多的运动单位进行收缩,产生的力量就越大。参加比赛的运动员由于兴奋性高且兴奋的程度集中,神经过程的强度也比平时大得多,因此一般皆比平时训练能发挥出更大的力量。当发生意外事件,如失火,人由于高度的神经冲动,往往能搬起平时无法搬动的重物。

4.2 神经中枢对肌肉活动的支配与调节能力

在体育运动中,完成一个最简单的动作也需要许多块肌肉共同实现。不同的肌肉群由不同的神经中枢支配进行工作,改善不同神经中枢之间的协调关系,就可以提高主动肌同拮抗肌、协同肌、固定肌的协调能力,使上述肌肉群在参加工作(完成某一动作)时能各司其职,协调一致。

研究证明,肌肉收缩最佳效果的获得不是由于肌肉,而是由于神经冲动合理频率的提高,促进运动员情绪高涨(即兴奋性提高),从而引起调动肌肉工作能力的较多肾上腺素、去甲肾上腺素、乙酰胆碱及其生理活性物质的释放,使力量增大。因此,中枢神经系统的机能状态可以直接影响肌肉的力量,并对力量素质的发展和发挥起着极为重要的作用。

4.3 营养系统的供能能力

肌肉工作时营养的供应直接影响肌肉力量的发挥。最大力量的增长、速度力量的提高、力量耐力的持久都取决于ATP-CP供能系统、糖酵解供能系统、有氧供能系统的供能能力,即无氧非乳酸性供能、无氧乳酸性供能、有氧供能。

根据运动生物化学理论可知,ATP是肌肉收缩的直接能源。当人体进行激烈活动时，肌肉中的ATP首先能起发动作用，促使CP同步分解再合成ATP供能。与此同时磷酸立即参与糖的无氧快酵解产生ATP以提高肌肉中的ATP浓度。当ATP-CP系统供能接近生理允许的极限消耗时间（5.66~5.932秒）时，开始启用无氧糖酵解，与ATP-CP系统共同供能，直至糖的无氧酵解供能占优势，但此时运动强度下降。

对力量素质来说，无氧非乳酸性供能最为重要。因为力量增长在较短时间内以较快的速度完成技术动作效果最佳。若想发展力量素质，必须提高肌肉的无氧代谢能力。

第三节　功率因素

1. 功率素质概述

功率，即做功的速率，是描述灵敏性的一个重要的概念。它可能是影响运动成绩重要的决定因素。功率可计算如下：

$$功率 = 功/时间$$
$$P = W/t$$

在公式中，时间指的是完成做功所用的时间。功可以通过如下公式来计算：

$$功 = 力 \times 距离$$
$$W = FS$$

功率也可以通过以下公式计算：

$$功率 = 力 \times 速度$$
$$P = FV$$

在这个等式中，速度指的是在某个特定方向移动的速度。

肌肉活动中力和速度的关系表明，在功率一定的情况下，随着运动速度的增加，肌肉产生的力会减小。在同时需要高速度和高力量的运动中，运动员应当注重提高自己在高速运动中发挥更大力量的能力，而这也会使功率最大化。运动员通过缓慢地移动身体或是负重不能使自己得到有效的训练。正如前面公式所表明的那样，增大功率输出可以通过增加力的输出或提高运动速度来实现。提高移动速度的方法与增加力量输出的方法有明显的不同，灵敏训练计划要兼顾两者。

2. 功率对灵敏性的影响因素

2.1 肌肉的生理横断面积

肌肉生理横断面积是肌肉所有肌纤维横断面积的总和，在其他条件相同的情况下，肌肉生理横断面积愈大，包含的肌纤维也愈多，它所产生的张力也愈大。肌力愈大，愈能克服肌肉内部及外部阻力，完成更多的工作。

因此，凡能影响肌肉力量的因素也必将影响动作速度。大强度训练可以使肌肉的体积增大，横断面积增大，这主要是由于肌纤维增粗，而肌纤维增粗实质是肌肉中蛋白质含量增加。这是由于大强度训练可以增加氨基酸向肌纤维内部的转运，使肌组织中收缩蛋白质的合成增加，为力量素质的发展提供了物质基础。这提示我们要提高爆发力，应该适度发展力量，只有这样运动员才能获得预期的训练效果。

2.2 运动单位的类型

人体骨骼肌是由不同类型的肌纤维混合组成，但每一运动单位只含有一类肌纤维。人们根据肌纤维的收缩特征将其分为两类：一类收缩速度较慢，称为慢肌（Ⅱ型纤维）；另一类收缩速度快，称为快肌（Ⅱ型纤维）。

运动单位是由一个运动神经元以及受其支配的肌纤维组成。支配快肌纤维的是大运动神经元。支配慢肌纤维的是小运动神经元。快肌纤维和慢肌纤维神经元支配上的差别，在决定它们的收缩速度上具有重要意义。一块肌肉含有大量的运动单位。人们按运动单位的各自力学特征和组织化学特征，将一个大运动神经元连同它支配的快肌纤维称作快运动单位；将一个小运动神经元连同它支配的慢肌纤维称作慢运动单位。

因此，要提高爆发力，就必须设法激活快运动单位。只有这样运动员才能获得预期的训练效果。

2.3 运动单位的募集顺序和肌肉的协调性

运动单位的募集顺序,或者说激活顺序是固定的。也就是说,在一块肌肉收缩的过程中,各运动单位并不是同时的,而是以一定的顺序进行收缩活动。美国著名生理学家布茹克司等人指出:"根据体积原则,细胞体积小的运动单位(慢运动单位)将首先募集,并且最常用。"

"细胞体积大的运动单位在募集过程中列在最后,而且最少用。尽管命名时使用了'快''慢'的字眼,但肌纤维的募集通常不是由速度而是由完成运动所需要的力量决定的。"这说明低强度练习首先使用慢运动单位,随着强度的不断增加,需要越来越多的力量输出,肌肉的快运动单位就得到募集。所以,为保证最大限度地激活快运动单位,使更多的快肌纤维参与收缩,就必须进行大强度训练。

第三章　影响协调性的因素

协调性是指人体在运动过程中身体各器官、系统在时间和空间上相互配合完成动作的能力，是人体速度、力量、耐力、平衡、柔韧等各种素质与运动技能协同的综合表现。一个人只有具备良好的协调素质，才能使动作做得省力、快速、舒展、流畅、准确、优美，才能顺利完成高、难、美的动作。协调性的外部表现形式是动作的准确性、合理性、稳定性和快速性。它的基础则是有机体内环境和各器官系统之间的内部联系。它是动作行为发生过程中神经、肌肉、感知觉之间合理配合的结果。具体来说就是人体运动技术动作的完成，主要是依靠神经协调、肌肉协调和感知觉协调实现的，影响协调性的因素有交互抑制因素、力量因素、耐力因素、心智因素和本体感受器因素。

第一节　交互抑制因素

1. 交互抑制概述

在各种反射活动中，中枢既有兴奋又有抑制。中枢抑制为主动过程，而且可以发生在突触前或突触后。交互抑制属于突触后抑制的一种形式，传入纤维进入中枢后，一方面通过突触联系兴奋一个中枢神经元；另一方面通过侧支兴奋一个抑制性中间神经元，通过后者的活动再抑制另一个中枢神经元，这种抑制称为交互抑制。例如，伸肌肌梭的传入纤维进入脊髓后，直接兴奋伸肌运动神经元，同时发出侧支兴奋一个抑制性中间神经元，转而抑制屈肌运动神经元，导致伸肌收缩而屈肌舒张。这种抑制能使不同中枢之间的活动协调起来。

2. 交互抑制对协调性的影响

神经系统是控制和协调全身各种功能活动的主要调节系统。神经协调是指在完成动作时，在神经活动的直接参与下，神经冲动传导过程中的兴奋、抑制相互配合和协同。神经协调的基本过程是反射活动的协调，包括神经系统交互抑制、兴奋扩散及反馈活动等复杂的生理过程。所以说，人体各种各样动作的完成都是直接或间接地在神经系统的控制下完成的。动作愈复杂，要求大脑皮质的兴奋与抑制过程配合得愈精确。高水平运动员的动作之所以准确、合理、稳定和快速，是因为经过长期训练，运动员神经冲动的兴奋与抑制过程在一定的时间与空间内能够严格地有节奏地转换。

运动中，神经系统对人体功能需要进行必要的整合。一个随意运动，即使是最简单的随意运动，如伸手取物的动作，都需要三个复杂的过程。

首先，辨认物体的形状和空间位置；其次，选择行动计划，决定身体何部位参与该动作及其运动方向；最后，执行运动。运动计划制订后，命令由大脑皮质下行投射通路传送至脊髓运动神经元。该命令包括规定肌肉群（协同肌、拮抗肌）活动的时间顺序、肌肉收缩力的强度及关节伸屈的角度。当手到达物体时，手腕、手和手指的位置如何按照物体的外形抓握它，以及肩和臂的协调等。

在运动执行过程中，根据负荷和阻力变化随时调整运动参数，才能完成预定的运动。为了对运动进行精细的控制，运动的编程和执行均需要不断地接受感觉信息。与此有关的感觉信号有两类：首先是视觉、听觉、皮肤感觉冲动，提供有关运动目标的空间位置、运动目标和机体自身所在位置的相互关系的信息。然后是关节和肌肉、前庭器官的传入冲动，提供有关肌肉长度和张力、关节位置、身体的空间位置等信息。这些传入信息对运动计划和运动执行的反馈调节必不可少。

运动中，神经系统对人体功能的整合极其复杂，运动类型、过程、条件与环境不同，神经系统整合的部位、形式与机制均不同。反射性运动是不受主观意识控制、运动形式固定、反应快捷的一类运动。节律性运动是几乎不受主观意识控制，大多可以自动完成的运动，因为运动区能被大脑皮质运动区的意向性指令激活，使行走等节律性运动可以随意地起动和终止。意向性运动是在运动全过程中，受主观意识支配，形式较为复杂，既可由感觉信息又可由主观意向触发的运动。

同时，神经系统借助各种传入刺激，通过分析综合及时发出相应的指令，通过植物性神经系统对各器官系统的活动进行整合，使人体心血管、内脏、内分泌系统等各器官的活动与躯体运动相匹配，表现出同时性和继时性的协调配合。

第二节　力量因素

1. 力量素质与协调性的关系

上一章提到，力量是人体对抗阻力的能力，力量是速度、灵敏、协调和柔韧等身体素质的基础。肌肉协调是指在完成动作的过程中肌肉合理地用力，包括参与工作的肌肉在时间和空间上的用力大小、用力速度、用力方向及用力的先后顺序。肌肉的协调可分为肌肉内协调、肌间协调和肌群间协调。

肌肉内协调是众多肌原纤维的相互配合；肌间协调是主动肌和拮抗肌紧张和放松的协调配合；肌群间协调是肌肉群间的紧张和放松的相互配合。完成动作时，肌肉协调的表现形式是在时间上需要协同肌快速收缩，同时拮抗肌快速放松；在时间、空间上需要肌肉先后依次完成收缩和放松。肌肉的协调收缩除受神经支配外，还与肌肉本身的结构、肌肉成分、肌肉内各种本体感受器的适应性等密切相关。因此，运动员经过较长时间的力量训练，可以改造肌肉的结构，使肌肉获得准确、可靠的协调性。

2. 力量素质对协调性的影响

神经系统调节实现肌肉运动，神经系统调节机能是肌肉力量大小的决定因素。发展肌肉最大力量取决于支配肌肉的神经中枢的机能改善。只有在神经中枢机能改善的基础上，才能实现肌肉的功能。神经系统生理学基础论证了神经系统调节是发展肌肉力量的决定因素。

神经系统调节的基本方式是反射。反射活动的协调是指身体肌肉、关节和器官按序表现出同时和前后配合协作一致的现象。协调也表现在反射性反应的性质和强度与刺激的性质和强度之间的适应性上，还表现在不同效应器官有顺序地产生反应上。

反射活动的协调是中枢神经系统调节机能和神经与肌肉的调节机能，神经系统调节（反射活动的协调）就是我们通常说的协调性。力量素质是指人的机体或机体的某一部分肌肉收缩和舒张时克服内外阻力的能力。外部阻力指物体的重量、支撑反作用力、摩擦力以及空气或水的阻力。内部阻力包括肌肉黏滞力、各肌肉间的对抗力等。

不同的肌肉群是由不同的神经中枢支配进行工作的，不同神经中枢之间的协调关系得到改善，就可以提高主动肌同对抗肌、协同肌、固定肌的协调能力，使上述肌肉群在参加工作（完成某一动作）时能各司其职，协调一致。

力量素质可以通过克服外部阻力和内部阻力来发展，力量素质好的运动员，能够表现出更好的节奏感、连接能力、变换能力、平衡能力等。机体在完成动作时，相关的协同肌快速收缩、拮抗肌快速放松，这样运动员在时间、空间上才能表现得更为完美。

人体感受器在接受内外环境的变化刺激时，将刺激迅速转化为神经冲动的能力大大提高，而作为效应器的核心区肌肉通过系统的力量强化训练能够更加积极地参与工作，快速有效地传递上下肢间的力量，同时减少了能量的损失，从而更有效地完成各种简单或复杂的技术动作的能力也大大提高。

第三节　耐力因素

1. 耐力素质的概述

耐力素质是指人体长时间进行肌肉工作的运动能力，也称为抗疲劳能力。耐力素质的分类十分繁杂，可按运动时的外部表现划分为速度耐力、力量耐力和静力耐力等；按该项工作涉及的主要器官可划分为呼吸循环系统耐力、肌肉耐力及全身耐力等；按运动的性质可划分为一般耐力和专项耐力等。从能量供应的角度，可将其划分为有氧耐力和无氧耐力。耐力素质越好，疲劳出现的越晚，疲劳会影响神经系统对肌肉的控制和支配功能，进而影响协调素质。

2. 耐力素质对协调性的影响

2.1 中枢性疲劳

中枢性疲劳是指发生在从大脑皮质至脊髓运动神经元的疲劳。中枢神经系统作为机体产生兴奋、发放神经冲动以及调节肌肉活动的功能系统,其兴奋性降低必然会导致整个机体机能下降而出现运动性疲劳,并对协调性产生影响。具体表现为以下几点。

2.1.1 脑细胞工作能力下降

长时间运动至疲劳时,大脑皮质细胞中ATP水平明显降低,ADP浓度上升,ADP/ATP比值增大,血糖含量减少,γ-氨基丁酸、脑干和下丘脑5-羟色胺(5-HT)浓度显著升高,脑氨含量明显增加,琥珀酸脱氢酶活性降低等。这些因素均会降低脑细胞内ATP再合成的速率、大脑皮质细胞的兴奋性以及发放神经冲动频率,从而降低中枢神经系统的调节能力和机体的运动能力,因此脑细胞工作能力下降是导致运动性疲劳产生的重要因素,但对于避免脑细胞过度耗损却具有积极意义。

2.1.2 运动神经元工作能力下降

运动过程中,体内代谢产物堆积可通过传入神经元发放传入神经冲动,引起许旺氏细胞兴奋性提高而抑制脊髓α运动神经元发放神经冲动,从而降低骨骼肌工作能力导致运动性疲劳。

2.2 外周性疲劳

外周性疲劳主要发生在神经—肌肉接点、肌细胞膜、细胞器和肌肉收缩蛋白等部位。

2.2.1 神经—肌肉接点

神经—肌肉接点是指神经纤维与肌细胞膜连接的部位,可通过释放神经递质(乙酰胆碱)引起肌细胞膜去极化,引起肌内收缩。短时间、剧烈运动时(如举重、投掷等),接头前膜释放乙酰胆碱减少,可造成神经—肌肉接点兴奋传递障碍，肌细胞膜因去极化过程减弱或不能去极化，导致骨骼肌不能兴奋和收缩，引起运动能力下降，产生运动性疲劳。

2.2.2 细胞膜

细胞膜是细胞进行物质交换、细胞识别以及信息传递的结构。因此，完整的细胞膜对于实现其机能活动至关重要。运动过程中，由于肌细胞膜受机械牵拉以及各种理化因素的影响，细胞膜的结构和功能会出现一系列的异常变化。

2.2.3 收缩蛋白

肌肉收缩蛋白是实现肌肉收缩的物质基础。肌肉收缩蛋白的结构、功能和数量是影响肌肉收缩能力的重要因素。研究表明，运动过程中由于受某些理化因素的影响，骨骼肌收缩蛋白的结构和功能会发生一系列异常变化，从而引起骨骼肌收缩能力降低，运动能力下降，产生运动性疲劳，如肌钙蛋白与钙离子亲和力下降、肌钙蛋白与原肌球蛋白相互作用降低、横桥与细肌丝结合受阻等。

第四节　心智因素

1. 心智概述（心理素质和智力水平）

心智指人们的记忆、思想、意识、感情、意向、愿望、思维、智能和心理能力，思维是心智的核心。

心理素质和智力水平也是运动员在发展运动素质、运动技能和增强身体能力中备受重视的因素。以往多强调比赛中心理素质的重要意义，而对发展运动素质和培养身体能力方面则重视不够。这实际上是一个误区。运动员在平时发展运动素质和身体能力，学习新的技术、技能等，也与运动员良好的心绪、求知的欲望、注意力的集中、积极思维、坚强的信心和意志有着非常重要的关系。平衡的心态、积极的思维，是运动员发掘潜能、细心分析和体会技术动作结构、协调各运动器官、学习和掌握运动技术、形成技能的重要条件。

2. 心智因素对协调性的影响

运动员在训练或正式比赛的过程中，尤其是在从事对抗性和竞技性较强的运动项目时，对自身的心智水平来说是一场巨大的考验。运动员除了需要具备基本的竞技技能及良好的身体素质，还需要具备以下良好的心理素质和心智水平，方能在竞技中占据优势。首先，对紧张情绪的调控能力，这不仅仅要求运动员提高自身的兴奋度，保持大脑的专注度和紧张性，如在击剑、拳击、摔跤等项目中，要求运动员有敏锐的观察力；在球类运动中，要求运动员具有良好的立体感觉和广阔的视野。协调主要体现在听觉分析作用上，它是语言思维和意识的生理基础。

在体育运动中，运动员借助听觉和视觉分析活动，可控制动作的节律和速度，提高大脑皮质的兴奋度，减轻大脑神经细胞的疲劳。其次，思维的敏捷性，赛场上局势复杂，情形瞬息万变，因此运动员必须具备高度敏捷的思维和良好的前庭功能协调性和稳定性。在体育运动中，从事体操、武术及各种球类项目的运动员，其前庭功能稳定性较好，能够及时运用所学的技战术。最后，环境的适应性，正式比赛中，由于环境的不同，再加上面对较多的观众，运动员就会出现一时难以适应环境的现象，而且面对不同的竞争对手，所产生的心理反应以及压力也不同，这就需要运动员善于调节自身的心理及行动，将平时的每一场训练当作比赛，着重提高自己面对环境时的调节能力，提高自身的心理素质。

第五节 本体感受器因素

1. 本体感受器概述

感受器是指分布在体表或组织内部的一些专门感受机体内、外环境改变的结构或装置。感知觉协调包括内感受器协调和外感受器协调。所谓内感受器，是人体内肌肉、肌腱、关节内感受肌体被牵拉和运动刺激的感受器以及内脏和血管内感受压力变化和血液化学成分变化的感受器。外感受器则是体表的眼、耳、鼻、舌、皮肤感受光、声、化学以及温度和机械等外界环境刺激的感受器。

感知觉的好坏取决于各种感受器所提供的信息。肌肉、肌腱和关节囊中分布有各种各样的神经末梢结构或装置，专门感受肌肉长度和肌力的变化，称为本体感受器（肌梭与腱梭）。肌梭是位于肌肉中的一种梭形感受器，腱梭是位于肌腱胶原纤维间与梭外肌纤维串联的一种张力感受器，二者能够分别感受肌肉被牵拉的程度以及肌肉收缩和关节伸展的程度。这种本体感受器受到刺激所产生的躯体各部相对位置和状态的感觉，称为本体感觉或运动觉。

体育活动中，肌肉被牵拉或主动收缩与放松，均会对肌梭、腱梭构成刺激产生兴奋，兴奋冲动传到大脑皮质的运动动感觉区，经过分析综合，能感知身体各部位的空间位置、姿势以及身体各部位的运动状态。当肌肉受到被动牵拉，肌梭和腱梭的传入运动频率均增加。肌梭和腱梭的冲动可使中枢神经系统分别了解肌肉的长度、受到牵拉的力量。例如，当举起一物体时，肌肉被牵拉，如果负荷很重，那么将动员更多的运动单位来举起这重物；如果负荷较轻，牵拉也较轻，那么仅有少数运动单位参加活动就能举起这一物体。

2．本体感受器对协调性的影响

人体全身分布着各种感受器，它们接受来自体内、外环境变化的刺激而产生神经活动，并沿着各自的传导途径传至大脑皮质的相应区域，进行精密的分析、综合，进一步调节人体的机能。人体运动时，感受器同时进入活动状态，彼此间建立复杂联系，为神经系统调节各效应器官，为各感受器更好地与运动需要相适应创造条件，以保证准确、有效地完成动作。感官系统的灵敏性对人体各运动系统（肌肉、脏器官）有着重要的作用。

尤其是本体感觉，它是运动员掌握一切运动技能的基础。只有借助本体感受器，才能使运动员感知每个动作中肌肉、肌膜、关节和韧带的收缩、放松和紧张的不同状况，帮助大脑皮质对运动员行为进行复杂的分析综合，进而调节肌肉间活动，达到掌握技术技能的目的。

运动员的一切运动技能都要在本体感受的基础上才能形成。通过本体感受器感知肌肉、肌腱、关节和韧带的缩短、放松和拉紧的状况，连续地反映到中枢神经系统，通过这种反馈系统，不断地调整、矫正运动动作，使运动技能更加协调、精确。如牵张反射通过反馈机制控制肌肉张力时，如果肌肉的张力变得过强，来自腱器官的抑制作用将使其张力减小到较低水平；相反，如果张力变得过小，腱器官将停止发放冲动，抑制作用减弱，使张力又增强到原来的较高水平。

一般情况下，视觉、位觉及本体感觉相互联系，经大脑皮质的综合分析功能控制肌肉活动。肌肉活动时发生的本体感觉往往被视、听和其他感觉遮蔽，故本体感觉也称为暗淡的感觉。如球类运动员技术动作的协调配合，本体感觉能力必须经过相当长时间的训练，运动员才能比较明显而精确地在动作过程中体验到。

人体各种感觉都可帮助肌肉产生正确的肌肉本体感觉，没有正确的肌肉本体感觉，就不可能形成运动技能。在建立运动条件反射的过程中，肌肉本体感受性传入冲动起重要作用，没有这种传入冲动，条件刺激得不到强化，运动条件反射就不能形成，即学习的动作技能就不能掌握。

运动实践证明，随着运动员本体感受机能的提高，其运动技术水平也提高。例如，篮球、足球运动员动作技能熟练后，有时可以不用视觉来完成复杂的动作，而主要靠本体感受器机能控制球完成复杂的动作。训练水平高的运动员其控球能力强，失球次数少，而且运动速度快，表现出本体感受器具有较高的敏感性。体操、跳水运动员在空中完成翻腾、转体动作时，本体感受器的传入冲动对时间和空间的感知，对正确完成复杂动作起着重要作用。

所以，在运动实践中，只有勤奋练习，本体感受器机能提高，使肌肉收缩在时间和空间上更加协调，就可以促进动作技能的形成，提高运动技能水平及整体活动能力。

第四章　灵敏性训练方法

第一节　动态热身活动

1. 最伟大拉伸（图4-1-1）

图4-1-1　最伟大拉伸

目的：拉伸腹部、肩臂、髋关节和大腿后束肌群以及提高胸椎灵活性。

动作要领：

训练者右脚向前迈出一大步，呈弓步姿势，左手手掌触地，重心置于左手和右脚之间，右肘向右脚内侧靠近，并保持左膝不触碰地面，紧接着右手向上摆动，直至躯干垂直于地面，然后，右脚脚尖上提，脚跟支撑，右腿蹬直；最后，左脚向前迈出一步，形成下一个弓步。

次数：两侧各3~5次。

注意事项：
①后侧腿的膝盖不要触及地面。
②肘关节下压时注意呼吸，尽可能地将肘部靠近地面。
③在前腿直腿拉伸时，双手尽可能不离开地面。

2. 手足行走（图4-1-2）

图4-1-2 手足行走

目的：在双肩和核心区稳定的前提下，拉伸大腿后侧、小腿后侧以及腰腹肌肉。

动作要领：
双腿站立，双手触及地面，躯干保持稳定，双手交替向前，到最大范围，停止3秒左右，然后双脚向双手行走靠近，双腿在行走的过程中保持直立。

次数：5~8次。

注意事项：
①有些训练者由于缺乏拉伸，腿部肌肉会趋于紧张，在这种情况下，可以先双手触及地面再伸直双腿。
②在拉伸过程中，胫骨前肌会有灼热感，是因为足背持续紧张，无须担心。

3. 燕式平衡（图4-1-3）

目的： 发展单腿平衡能力、大腿后群柔韧性以及核心区的动态稳定。

动作要领：
右脚站立，左脚缓慢抬离地面；身体前倾，肩、臀、膝、踝呈一条直线，背部和髋关节保持水平，不要翻转，回到直立位置时，保持身体平衡，尽量不要借助任何外力（换腿同上）。

次数：两侧各5次。

图4-1-3　燕式平衡

注意事项：
有些训练者由于缺乏拉伸，大腿后侧肌群趋于紧张，可适当弯曲膝盖，提高动作质量。

4. 弓步转体（图4-1-4）

图4-1-4　弓步转体

目的：拉伸屈髋肌、股四头肌和核心肌群。

动作要领：

双脚并拢并直立，右膝抬起向前，脚落地成弓步，向两侧旋转躯干，即骨盆以上部分，保持弓步稳定，起身交替进行。

次数：两侧各5次。

注意事项：

①在提膝变弓步时，保持躯干及支撑的稳定。
②支撑腿保持稳定，膝关节减少晃动。

5. 后退弓步转体侧屈（图4-1-5）

图4-1-5　后退弓步转体侧屈

目的：拉伸屈髋肌、股四头肌以及核心区肌肉。

动作要领：

双脚并拢、身体直立，右腿向后伸出，成弓步姿势，右臂抬起，向左旋转躯干，略微向后弓步。向后转身，进行另一侧练习。

次数：两侧各5次。

注意事项：

①后倾身体和旋转的运动过程中会挤压臀肌，从而产生交互抑制效应，拉伸屈髋肌。

②注意在后撤步过程中，保持弓步稳定后，再进行旋转侧屈。

6. 侧弓步蹲（图4-1-6）

图4-1-6　侧弓步蹲

目的：激活腹股沟和髋关节的肌群，发展核心区、股四头肌及臀肌的力量。

动作要领：

双脚分开与肩同宽，核心区保持紧张状态，向右跨出一步，使脚掌贴近地面，脚尖向前；同时，膝关节在脚尖正上方，将重心放在右腿，下蹲姿势越低越好，保持2秒左右。回到起始位置，换边交替进行。

次数：两侧各5次。

注意事项：

①在下蹲过程中，膝关节始终保持在脚尖正上方，不要向外或向内扣。

②注意保持背部挺直，保持稳定。

7. 蝎子摆尾（图4-1-7）

图4-1-7 蝎子摆尾

目的：拉长和加强核心区肌肉群，拉伸胸部肌群、股四头肌、髋关节和腹肌，并激活臀部肌肉。

动作要领：
俯卧，双臂与肩关节贴紧地面；右臀肌发力，使右脚后跟快速向左手伸，稳定2秒左右，保持左臀不离开地面；回到起始位置，换边交替进行。
次数：两侧各4次。

注意事项：
①确保脚后跟在快速延展时是臀大肌主导发力。
②在旋转身体时，注意同侧手臂尽量减少离开地面。

8. 高抬腿跑（图4-1-8）

目的：提高机体兴奋度和本体感受能力，激活下肢肌群和核心肌群。

动作要领：
采用高抬腿的动作模式向前跑，抬腿时膝关节尽量抬到最高；单腿抬起时，脚

图4-1-8 高抬腿跑

背绷直，胫骨前肌持续收缩；支撑腿脚后跟抬起。

次数：行进15～20米即可。

注意事项：
①保持身体直立，不要前倾也不要后仰。
②抬腿与摆臂要协调配合。
③落地要轻快，避免用力砸地。

9. 后踢腿跑（图4-1-9）

图4-1-9 后踢腿跑

目的：提高机体兴奋度和本体感受能力，激活下肢肌群和核心肌群。

动作要领：
采用后踢腿的方式向前慢跑，每跑一步都要用脚后跟用力踢向自己同侧的臀部；膝关节保持与支撑腿在同一个平面上，不能过度后伸。

次数：行进15～20米即可。

注意事项：
①保持身体直立，重心始终保持在垂直面。
②后踢腿与摆臂要协调配合。
③落地要轻快。

10. 碎步转向跑

目的：提高中枢神经兴奋性和心肺能力，激活下肢肌群及核心区肌肉。

动作要领：

采用微蹲或半蹲姿势，双腿分开略宽于肩；两腿高频率地交替轻踏地面，只有前脚掌着地；向前快速冲刺跑。

次数：30次左右或10～15秒的原地碎步+10～20米的快速冲刺为一组。

组数：2～3组即可。

注意事项：

①核心区始终保持紧张，重心置于臀部。

②交替踏地时，全身协调发力，避免只注重小腿发力。

③原地踏步变冲刺跑时，动作幅度尽力变大。

第二节　直线训练法

直线训练法是以直线为主要行进方向进行训练的方法，包括反应时间、加速、减速、变向、制动能力、步法、切换技能及切入能力。该方法特别适合初学者，因为方法简单，设备要求低，使用频率较高。训练者可以通过改变上身和下身运动及增加复杂的步法调整直线训练法的难度。

1. 向前向后跳（图4-2-1）

目的：发展步法、制动和切入能力。

图4-2-1　向前向后跳

动作要领：
①训练者站在分界线一侧。
②在规定的时间或重复次数内，双脚同时来回跳过分界线。
③训练者每次双脚往前跳过分界线后，再迅速跳到线的另一侧（起始位置）。
④尽量使用前脚掌着地发力跳跃，避免全脚掌落地。

变换：
①可以采用单脚来回跳跃，并确保两腿的训练强度是一致的，保证其均衡发展。
②可沿着分界线横向移动，训练者既向右侧移动，又向左侧移动，确保均衡发展。

负荷强度：中等或中等偏上，接近或等于最大速度。

次数：30秒左右/次或20~40/次为宜。

组数：2~3组。

间歇：组内间歇为30秒，组间间歇1分钟、1分15秒，依次递增15秒（例如，第一组和第二组之间为1分钟、第二组和第三组之间为1分15秒），主观感觉为基本恢复或完全恢复。

注意事项：
①需在精神状态良好、体力充沛时进行练习，一般放在训练课的前半部分进行，若训练者感到中枢神经过度紧张，立即停止。
②训练前应进行充分热身，尤其是充分激活下肢肌群。在热身时，若感到身体不适，应立即停止。
③保证每次练习尽力发挥出当时身体状态下的最大速度。

2. 左右两侧跳（图4-2-2）

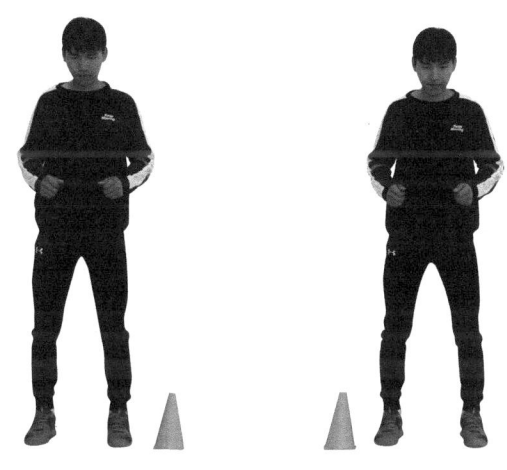

图4-2-2 左右两侧跳

目的：发展步法、制动和切入能力。

动作要领：
①训练者站在分界线一侧。
②在规定的时间或重复次数内，双脚同时来回跳过分界线。
③训练者每次双脚跳过分界线后，再迅速跳到线的另一侧（起始位置）。
④尽量使用前脚掌着地发力跳跃，避免全脚掌落地。

变换：
①可以采用单脚来回跳跃进行，并确保两腿的训练强度是一致的，保证其均衡发展。
②训练者沿着分界线向前来回跳跃直到终点。
负荷强度：中等或中等偏上，接近或等于最大速度。
次数：30秒左右/次或20~40/次为宜。
组数：2~3组。

间歇：组内间歇为30秒，组间间歇1分钟、1分15秒依次递增15秒，主观感觉为基本恢复或完全恢复。

3. 剪刀式跳（图4-2-3）

图4-2-3　剪刀式跳

目的：发展步法、变向、制动和切入能力。

动作要领：
①训练者站在分界线一侧。
②左脚向右侧迈步跨过分界线，并置于右脚后面。
③训练者迅速改变脚步，每只脚向分界线的另一侧跳跃移动，依次进行。
④在规定的时间和重复次数内，尽量使用前脚掌着地发力跳跃，避免全脚掌落地。

变换：
①训练者与分界线平行站立，然后双脚交叉迈进，双脚依次跳跃跨过分界线。
②采用类似剪刀式的交叉步法前后跳跃，并沿分界线移动。
③确保两腿的训练强度是一致的，保证其均衡发展。

负荷强度：中等或中等偏上，接近或等于最大速度。

次数：30秒左右/次或20~40次为宜。

组数：2~3组。

间歇：组内间歇为30秒，组间间歇1分钟、1分15秒，依次递增15秒，主观感觉为基本恢复或完全恢复。

4. 180°转体侧向跳（图4-2-4）

图4-2-4 180°转体侧向跳

目的：发展步法、变向、制动和切入能力。

动作要领：

①训练者站在分界线上，肩、髋、踝与之对齐。

②训练者向左或向右跳跃，与此同时，身体在空中旋转180°，双脚落在分界线上。

③在规定的时间和预先规定的距离内，沿分界线侧向跳跃，并且每次双脚必须落在分界线上。

变换：

①可以采用单脚进行跳跃，并确保两腿的训练强度是一致的，保证其均衡发展。

②可增加根据教练员指令练习，教练员喊出随机的方向性信息，训练者必须根据指令迅速调整身体姿态。

负荷强度：中等或中等偏上，接近或等于最大速度。

次数：30秒左右/次或每次20~40次为宜。

组数：2~3组。

间歇：组内间歇为30秒，组间间歇1分钟、1分15秒，依次递增15秒，主观感觉为基本恢复或完全恢复。

注意事项： 充分激活核心肌群和下肢肌群。

5. 10米往返跑

目的：发展步法、变向、制动和反应能力。

动作要领：

①采用两点站姿，在起跑线前等候指令。

②指令发出的同时，力求在最短的时间冲出，冲刺。

③临近5米线时，调整步法，迅速制动，用任意一侧手触线。

④迅速转身，加速，并冲过终点线（起跑线）。

变换：

①在返回冲刺的过程中，可变换不同的动作技能（如后退跑、滑步等）。

②可根据专项要求的不同变换方式。

负荷强度：中等或中等偏上，接近或等于最大速度。

次数：1~2次为宜。

组数：2~3组。

间歇：组内间歇为30秒，组间间歇1分钟、1分15秒，依次递增15秒，主观感觉为基本恢复或完全恢复。

6. 20米往返跑（图4-2-5）

图4-2-5　20米往返跑

目的：发展变向、制动、步法和反应能力。

动作要领：
①采用两点站姿，双脚跨过起跑线。
②指令发出，迅速转向左侧，冲刺。
③制动，用右手碰5米远的端线1，迅速转身，冲刺。
④制动，用左手碰10米远的端线2，迅速转身，冲刺。
⑤迅速转身，并加速冲过起跑线。

变换：
①在每一条的行进线路中，可变换不同的动作技能。
②可手持器械（如球类或药球等），增加负重。
负荷强度：中等或中等偏上，接近或等于最大速度。
次数：1～2次为宜。
组数：2～3组。
间歇：组内间歇30～45秒，组间间歇1分钟、1分15秒、1分30秒，依次递增15秒，主观感觉为基本恢复或完全恢复。

7. 40米直线冲刺跑

目的：发展加减速、步法、制动和反应能力。

动作要领：
①采用两点站姿，在起跑线前等候指令。
②指令发出，向前冲刺，到达5米处的线，制动，用左手触线。
③迅速转身，冲刺，到达起跑线，并用右手触线。
④转身，冲刺，到达10米处的线，用左手触线。
⑤迅速转身，冲刺，到达起跑线，并用右手触线。
⑥转身，冲刺，到达5米出的线，用左手触线。
⑦迅速转身，加速，冲过终点线（起跑线）。

变换：
①在每一条的行进线路中，可变换不同的动作技能。
②在每一条的行进线路中，可采取不同的脚步变化。
③起跑阶段，以不同的姿势准备起跑（如坐姿、跪姿、仰卧等）。
负荷强度：中等或中等偏上，接近或等于最大速度。
次数：1～2次为宜。
组数：2～3组。
间歇：组内间歇45秒至1分钟，组间间歇1分15秒、1分30秒，依次递增15秒，主观感觉为基本恢复或完全恢复。

注意事项：
需充分激活下肢肌群（若采取起跑阶段的变换练习，核心区也应充分激活）。

8. 40米直线滑步

目的：发展步法、变向、制动和反应能力。

动作要领：
①采用微蹲或半蹲姿势，侧对起跑线，等候指令。
②指令发出，向右滑步5米，到达5米处的线，制动，用右脚触线。
③向左滑步回到起跑线，并用左脚触线。
④向右滑步10米，到达10米处的线，用右脚触线。

⑤向左滑步回到起跑线，并用左脚触线。

⑥向右滑步5米，到达5米处的线，用右脚触线后，迅速向左滑动，回到终点线（起跑线）。

负荷强度：中等或中等偏上，接近或等于最大速度。

次数：1~2次为宜。

组数：2~3组。

间歇：组内间歇45秒至1分钟，组间间歇1分15秒、1分30秒，依次递增15秒，主观感觉为基本恢复或完全恢复。

注意事项：

热身时注意下肢肌群（特别是大腿内收肌）的充分激活。

9. 后撤转身跑

目的：发展反应时间、步法、变向、制动及切入能力。

动作要领：
①采用两点站姿，背对起跑线，等候指令。
②指令发出，后撤步冲刺至10米处的线，转身。
③以90°或45°向左或向右加速冲过20米处的线。

变换：
①起跑阶段，以背对起跑线的不同姿势准备起跑（如坐姿、跪姿、仰卧等）。
②训练者在后撤跑转冲刺跑时，可根据教练员或标志物方向迅速调整冲刺角度。

负荷强度：中等或中等偏上，接近或等于最大速度。

次数：3~4次为宜。

组数：2~3组。

间歇：组内间歇45秒至1分钟，组间间歇1分钟、1分10秒，依次递增10秒，主观感觉为基本恢复或完全恢复。

注意事项：
热身时注意下肢肌群的充分激活及神经肌肉的适应性。

10. 后撤—转身—变向跑

目的：发展加减速、脚步、变向及切入能力。

动作要领：
①采用两点站姿，背对起跑线，等候指令。
②指令发出，后撤步冲刺至10米处的线，转身。
③以90°或45°向左或向右加速冲到20米处的线。
④再迅速切换到相反角度，向前冲过30米处的线。

变换：
①起跑阶段，以背对起跑线的不同姿势准备起跑（如坐姿、跪姿、仰卧等）。
②在训练者转向过程中，可根据教练员或标志物方向迅速调整冲刺角度。
负荷强度：中等或中等偏上，接近或等于最大速度。
次数：2~3次为宜。
组数：2~3组。
间歇：组内间歇45秒至1分钟，组间间歇1分钟、1分10秒，依次递增10秒，主观感觉为基本恢复或完全恢复。

注意事项：
在热身过程中注意下肢肌群的充分激活以及神经肌肉的适应性。

第三节　锥桶训练法

在训练过程中，教练员用不同数量的锥桶作为地标预先设置各种灵敏训练方法。可发展训练者加速、减速、快速起动制动、反应时间及在运动过程中切入和变向的能力。

1. 两锥桶训练（图4-3-1）

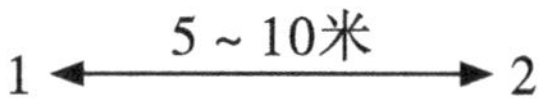

```
1  ←——5~10米——→  2
```

图4-3-1　两锥桶训练

将两个锥桶分别放置，一般两锥桶间距离5～10米即可。
目的：发展加减速、制动和变向的能力。

动作要领：
①训练者采用两点站姿，站在锥桶1前，等候指令。
②指令发出，冲刺5～10米处的锥桶2处，制动。
③迅速绕过锥桶2，调整方向，加速冲过锥桶1。

变换：
①可改冲刺跑为后退跑。
②可改冲刺跑为滑步。
③可改冲刺跑为Carioca舞步（交叉步）：训练者髋部、膝关节微屈，右腿与左腿前交叉侧向移动，右腿置于左腿前侧，然后迈出左腿，与右腿后交叉，右腿置于左腿后侧，然后迈出左腿。
④可将直线的行进路线改为"8"字的行进路线，提高变向、切入能力。
负荷强度：中等，循序渐进，接近或等于最大速度。
次数：3～4次为宜。
组数：2～3组。
间歇：组内间歇40秒，组间间歇1分钟、1分10秒（如第一组与第二组间休息1分钟、第二组和第三组间休息1分10秒），依次递增10秒，主观感觉为基本恢复或完全恢复。

注意事项：
①需在精神状态良好、体力充沛时进行练习，一般放在训练课的前半部分进

行，若训练者感到中枢神经过度紧张，立即停止。

②训练前应进行充分热身，尤其是要充分激活下肢肌群；在热身时，若感到身体不适，应立即停止。

③保证每次练习尽力发挥出当时身体状态下的最大速度。

④可将其内容作为进阶热身活动。

注：本节练习都需要注意以上①②③注意事项。如没有特殊内容，本节后面部分将省略。

2."T"字形训练（图4-3-2）

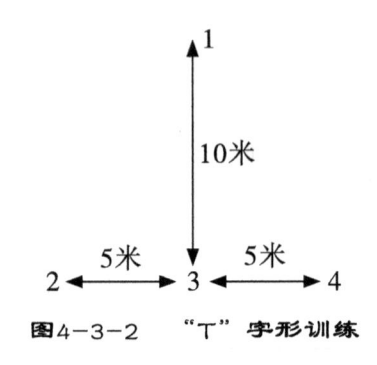

图4-3-2 "T"字形训练

将3个锥桶（锥桶2、锥桶3、锥桶4）置于一条直线，相邻锥桶间隔5米，锥桶1与3个锥桶所呈直线垂直，两者相距10米。

目的：发展加减速、制动、切入和变向的能力。

动作要领：

①训练者采用两点站姿，站在锥桶1前，等候指令。

②指令发出，迅速冲刺到锥桶3处，变向左转，冲刺至锥桶2处。

③制动，采用快而紧促的脚步，快速切入，转180°，加速冲刺至锥桶4。

④使用快而紧促的脚步，绕锥桶4转180°，冲刺至锥桶3处。

⑤迅速变向左转，加速冲过锥桶1（终点）。

变换：
①可在路线中采用不同的脚步（如后退跑、交叉步等）。
②根据教练员不同指令变换脚步，提高训练者反应能力和随机灵敏性。
③在锥桶2、锥桶3、锥桶4处选用"8"字线路进行跑动。
负荷强度：中等或中等偏上，接近或等于最大速度。
次数：2~3次为宜。
组数：2~3组。
间歇：组内间歇40秒，组间间歇1分10秒、1分15秒，依次递增5秒，主观感觉为基本恢复或完全恢复。

3. 四锥桶方形训练（图4-3-3）

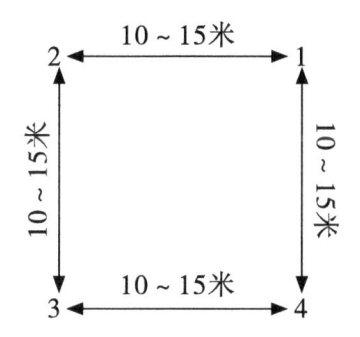

图4-3-3 四锥桶方形训练

将4个锥桶置于四角，呈正方形，一般两锥桶间的距离为10~15米。
目的：发展反应时间、加减速、变向和切入能力。

动作要领：
①训练者采用两点站姿，站在锥桶1的外侧，等候指令。
②指令发出，迅速冲至锥桶2。
③制动，变向转体90°，加速冲刺至锥桶3处。
④训练者用在锥桶2处同样的方式绕过锥桶3和锥桶4，直到冲过锥桶1（终点）。

变换：
①可在路线中采用不同的脚步（如后退跑、侧身跑等）。
②训练者可根据教练员的指令，以顺时针、逆时针或两者相结合的顺序完成训练。
③可选用"8"字型线路进行训练。
负荷强度：中等或中等偏上，接近或等于最大速度。
次数：2~3次为宜。
组数：2~3组。
间歇：组内间歇40秒，组间间歇1分10秒、1分15秒，依次递增5秒，主观感觉为基本恢复或完全恢复。

4. 五锥桶方形对角训练（图4-3-4）

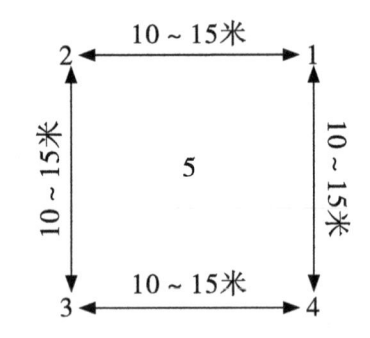

图4-3-4 五锥桶方形对角训练

在四锥桶方形训练摆放的基础上，将锥桶5放置于正方形的中心。
目的：发展加减速、反应时间、变向和切入的能力。

动作要领：
①训练者采用两点站姿，站在锥桶1的外侧，面朝锥桶5，等候指令。
②指令发出，迅速冲到锥桶5，制动，后退跑至锥桶1。
③接着加速冲刺至锥桶2，迅速转向，跑到锥桶5。
④然后后退跑回锥桶2，加速冲至锥桶3。

⑤之后，转向跑到锥桶5，后退回锥桶3，然后加速到锥桶4。
⑥最后，转向跑到锥桶5，后退回锥桶4，加速冲过锥桶1（终点）。

变换：
①可在路线中采用不同的脚步（如匍匐行进、滑步等）。
②训练者可根据教练员的指令，以顺时针、逆时针或两者相结合的顺序完成训练。
③可选用"8"字型线路进行训练，在到达锥桶5时，可选用360°环绕的方式。
负荷强度：中等或中等偏上，接近或等于最大速度。
次数：1～2次为宜。
组数：1～2组。
间歇：组内间歇1分钟，组间间歇1分20秒、1分30秒，依次递增10秒，主观感觉为基本恢复或完全恢复。

5. "A"字形锥桶训练（图4-3-5）

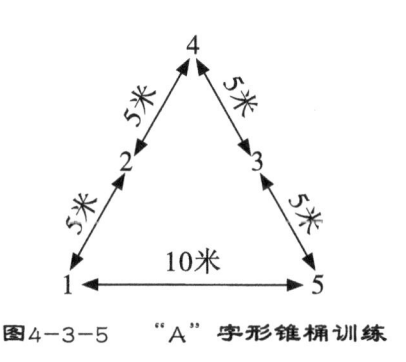

图4-3-5 "A"字形锥桶训练

将5个锥桶摆放成一个"A"字形，如图4-3-5所示。
目的：发展加减速、步法、变向的能力。

动作要领：
①训练者采用两点站姿，站在锥桶1外侧，等候指令。
②指令发出，加速冲向锥桶2，变向，右脚在前，横滑步到锥桶3处。

③改变方向，左脚在前，滑步回到锥桶2。
④迅速冲到锥桶4处，后滑步到锥桶3处，变后退跑到锥桶5（终点）。

变换：
①在运动路线中，可变换不同的步法。
②训练者可根据教练员的指令，到达相应的锥桶，以指令代替固定的终点，提高随机灵敏性。

负荷强度：中等或中等偏上，接近或等于最大速度。
次数：1~2次为宜。
组数：1~2组。
间歇：组内间歇1分钟，组间间歇1分10秒、1分钟20秒，依次递增10秒，主观感觉为基本恢复或完全恢复。

6. "E"字形锥桶训练（图4-3-6）

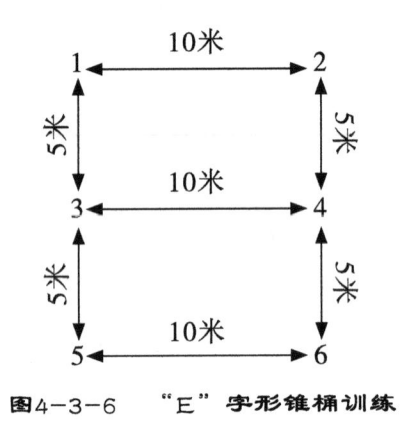

图4-3-6　"E"字形锥桶训练

将6个锥桶摆放"E"字形，如图4-3-6所示。
目的：发展加减速、步法、变向的能力。

动作要领：
①训练者采用两点站姿，站在锥桶1外侧，等候指令。
②指令发出，采用交叉步到锥桶2后，加速跑到锥桶3。

③右脚在前，滑步到锥桶4处，变为左脚在前，滑步回到锥桶3。
④向前冲刺到锥桶5，变交叉步到锥桶6后，反方向滑步回到锥桶5。
⑤加速冲刺跑到锥桶2，交叉步回到锥桶1（终点）。

变换：
①在运动路线中，可变换不同的步法。
②训练者可根据教练员的指令，到达相应的锥桶，以指令代替固定的终点，提高随机灵敏性。

负荷强度：中等或中等偏上，接近或等于最大速度。
次数：1~2次为宜。
组数：1~2组。
间歇：组内间歇1分钟，组间间歇1分10秒、1分20秒，依次递增10秒，主观感觉为基本恢复或完全恢复。

注意事项：
热身时通过动态热身进行激活。

7. "H"字形锥桶训练（图4-3-7）

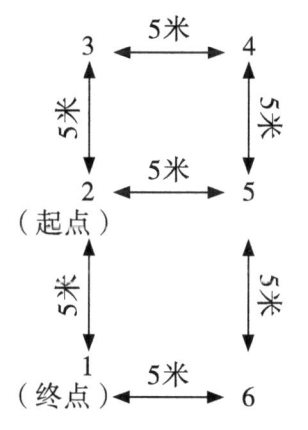

图4-3-7 "H"字形锥桶训练

将6个锥桶摆放成"H"字形，如图4-3-7所示。
目的：发展加减速、步法、变向、反应能力。

动作要领：
①训练者采用两点站姿，站在锥桶2外侧，等候指令。
②指令发出，迅速冲刺到锥桶3处，后退跑回锥桶2。
③右脚在前，横滑步到锥桶5处，加速跑到锥桶4。
④加速后退跑到锥桶6处，冲刺到锥桶5。
⑤左脚在前，横滑步到锥桶2处，后退跑到锥桶1（终点）。

变换：
①在运动路线中，可变换步法，采用不同的组合形式。
②训练者可根据教练员的指令，到达相应的锥桶，以指令代替固定的终点，提高随机灵敏性。

负荷强度：中等或中等偏上，接近或等于最大速度。

次数：1~2次为宜。

组数：1~2组。

间歇：组内间歇1分钟，组间间歇1分10秒、1分20秒，依次递增10秒，主观感觉为基本恢复或完全恢复。

注意事项：
热身时通过动态热身进行激活。

第四节　绳梯训练法

利用绳梯（敏捷梯）进行各种动作练习，帮助训练者提高灵敏性和协调性，以此来提升步法、下肢反应、平衡及动觉意识，特别是可以改善腿部运动的变化程度以及踝关节的角度和快速反应能力。

1. 一步一格向前进（图4-4-1）

图4-4-1 一步一格向前进

目的：发展步法、下肢反应及髋关节灵活性。

动作要领：
①训练者采用两点站姿开始，站在绳梯的一端，髋关节与之平行。
②右脚迈入绳梯的第一个格子，紧接着，左脚迈入第二个格子。
③尽量每次双脚都为前脚掌落地，提高动作速率。重复上述动作，直到到达绳梯的另一端。
④每次落地尽量保证落在每一格子的中心。

变换：
①以左脚为起始脚，先迈入格子，进行训练。
②从背身姿势开始，即向后完成该训练。
③可采用高抬腿完成该训练，动作标准，落地迅速有力。
④在完成脚步练习的同时，躯干和双臂可放松，自由摆动，下肢保持紧张，完成训练任务。
负荷强度：中等或中等偏上，接近或等于最大速率。
次数：1~2次为宜。

组数：2~3组。

间歇：组内间歇30秒，组间间歇1分钟、1分10秒，依次递增10秒（如第一组和第二组之间为1分钟、第二组和第三组之间为1分10秒），主观感觉为基本恢复或完全恢复。

注意事项：

①需在精神状态良好、体力充沛时进行练习，一般放在训练课的前半部分或作为准备活动进行，若训练者感到中枢神经过度紧张，立即停止。

②训练前应进行动态激活；若感到身体不适，应立即停止。

③保证每次练习尽力发挥出当时身体状态下的最大速率。

注：本节练习都需要注意以上注意事项。如没有特殊内容，本节后面部分将省略。

2. 两步一格向前进（图4-4-2）

图4-4-2　两步一格向前进

目的：发展步法、下肢反应及髋关节灵活性。

动作要领：

①训练者采用两点站姿开始，站在绳梯的一端，髋关节与之平行。

②右脚迈入绳梯的第一个格子，紧接着，左脚也迈入同一格子。

③然后右脚迈入绳梯的第二个格子，左脚迅速跟上。

④尽量每次双脚都为前脚掌落地，提高动作速率。重复上述动作，直到到达绳梯的另一端。

⑤每次落地尽量保证落在每一格子的中心。

变换：

①以左脚为起始脚，先迈入格子，进行训练。

②从背身姿势开始，即向后完成该训练。

③可将两步一格变为四步一格，增加难度。

④在完成脚步练习的同时，躯干和双臂可放松，自由摆动，下肢保持紧张，完成训练任务。

负荷强度：中等或中等偏上，接近或等于最大速率。

次数：1~2次为宜。

组数：2~3组。

间歇：组内间歇30秒，组间间歇1分钟、1分10秒，依次递增10秒，主观感觉为基本恢复或完全恢复。

3. 双脚侧移步（图4-4-3）

图4-4-3　双脚侧移步

目的：发展步法、下肢反应以及内收肌群和髋关节的灵活性。

动作要领：
①训练者采用两点站姿开始，站在绳梯的一端，髋关节与之垂直。
②右脚先踏入绳梯的第一个格子，抬起的同时左脚踏入其中，右脚顺势踏入第二个格子。
③采用上述双脚交替踏入每一个格子的方法，到达绳梯的一侧后，迅速以左脚为前脚，侧移步回到起始侧，即完成训练。
④尽量每次双脚都为前脚掌落地，提高动作速率。重复上述动作，直到到达绳梯的另一端。
⑤每次落地尽量保证落在每一格子的中心。

变换：
①可采用高抬腿的方式完成训练，动作标准，落地迅速有力。
②可将一步一格改为两步一格。
③在完成脚步练习的同时，躯干和双臂可放松，自由摆动，下肢保持紧张，完成训练任务。
负荷强度：中等或中等偏上，接近或等于最大速率。
次数：1~2次为宜。
组数：2~3组。
间歇：组内间歇40秒，组间间歇1分钟、1分10秒，依次递增10秒，主观感觉为基本恢复或完全恢复。

注意事项：
训练前应进行动态激活，尤其是充分拉伸髋关节。

4. 正向单进单出（图4-4-4）

图4-4-4　正向单进单出

目的：发展步法、下肢反应和动觉意识的能力。

动作要领：

①训练者采用两点站姿开始，站在绳梯的一端的左侧，髋关节与之垂直。

②右脚横踏迈入绳梯的第一个格子，左脚跟随右脚也迈入绳梯的第一个格子内。

③右脚向右横踏一步，迈到绳梯的右侧，紧接着，左脚顺势向前进入绳梯的第二个格子内。

④右脚跟进，进入左脚所在的格子中，左脚向左横踏一步，迈到绳梯的左侧，紧接着，右脚顺势进入绳梯的第三个格子内。

⑤重复上述动作，直到到达绳梯的另一端。

变换：

①以左脚为起始脚，先迈入格子，进行训练。

②从背身姿势开始，即向后完成该训练。

③在完成脚步练习的同时，躯干和双臂可放松，自由摆动，下肢保持紧张，完成训练任务。

负荷强度：中等或中等偏上，接近或等于最大速率。

次数：1~2次为宜。

组数：2~3组。

间歇：组内间歇40秒，组间间歇1分钟、1分10秒，依次递增10秒，主观感觉为基本恢复或完全恢复。

5. 正向双进双出（图4-4-5）

图4-4-5 正向双进双出

目的：发展步法、下肢反应和动觉意识的能力。

动作要领：

①训练者采用两点站姿开始，站在绳梯的左侧，髋关节与之垂直。

②右脚横踏迈入绳梯的第一个格子，左脚跟随右脚也迈入绳梯的第一个格子内。

③右脚向右横踏一步，迈到绳梯的右侧，紧接着，左脚也跟随右脚迈出来。

④左脚向斜上方迈入第二个格子，右脚紧跟着也迈进来。

⑤重复上述动作，直到到达绳梯的另一端。

⑥尽量每次双脚都为前脚掌落地，提高动作速率，并且每次落地尽量保证落在每一格子的中心。

变换：

①以左脚为起始脚，先迈入格子，进行训练。

②从背身姿势开始，即向后完成该训练。

③在完成脚步练习的同时，躯干和双臂可放松，自由摆动，下肢保持紧张，完成训练任务。

负荷强度：中等或中等偏上，接近或等于最大速率。

次数：1~2次为宜。

组数：2~3组。

间歇：组内间歇40秒，组间间歇1分钟、1分10秒，依次递增10秒，主观感觉为基本恢复或完全恢复。

6. 双脚开合跳（图4-4-6）

图4-4-6 双脚开合跳

目的：发展步法、制动以及髋关节灵活性。

动作要领：

①训练者采用两点站姿开始，站在绳梯的一端，髋关节与之平行。

②双脚同时跳入绳梯的第一个格子后，迅速再起跳。

③双脚同时落在绳梯第二个格的两侧，左脚在绳梯的左侧，右脚在绳梯的右侧。

④紧接着，双脚内侧同时发力，跳入绳梯的第二个格子内。

⑤重复上述动作，直到到达绳梯的另一端。

⑥尽量每次双脚都为前脚掌落地，提高动作速率，并且每次落地尽量保证落在

每一格子的中心。

变换：
①从背身姿势开始，即向后完成该训练。
②双臂可跟随起跳的节奏进行展开和交叉的变换。
负荷强度：中等或中等偏上，接近或等于最大速率。
次数：1~2次为宜。
组数：2~3组。
间歇：组内间歇40秒，组间间歇1分钟、1分10秒，依次递增10秒，主观感觉为基本恢复或完全恢复。

注意事项：
训练前应进行动态激活，尤其是充分拉伸踝关节。

7. 正向双脚跳（图4-4-7）

图4-4-7　正向双脚跳

目的：发展步法、下肢肌群的力量以及动觉意识。

动作要领：
①训练者采用两点站姿开始，站在绳梯的左侧，髋关节与之垂直。

②双脚同时向右上方跳入绳梯的第一个格子后，迅速起跳。
③双脚同时落在绳梯第一个格子的右侧。
④紧接着，双脚同时向左上方跳入绳梯的第二个格子。
⑤重复上述动作，直到到达绳梯的另一端。
⑥尽量每次双脚都为前脚掌落地，提高动作速率，并且每次落地尽量保证落在每一格子的中心。

变换：
①从背身姿势开始，即向后完成该训练。
②熟练动作后，可改为单腿跳。
负荷强度：中等或中等偏上，接近或等于最大速率。
次数：1~2次为宜。
组数：2~3组。
间歇：组内间歇40秒，组间间歇1分钟、1分10秒，依次递增10秒，主观感觉为基本恢复或完全恢复。

注意事项：
训练前应进行动态激活，尤其是充分拉伸踝关节。

8. 侧向双进双出（图4-4-8）

图4-4-8 侧向双进双出

目的：发展步法、髋关节灵活性及动觉意识。

动作要领：
①训练者采用两点站姿开始，髋关节与之平行。
②左脚向前迈一步，进入绳梯的第一个格子内，右脚随之进入第一个格子。
③左脚向左后方退一步，落在绳梯的第二个格子后。
④右脚紧随其后，落在第二个格子后。
⑤重复上述动作，直到到达绳梯的另一端。
⑥尽量每次双脚都为前脚掌落地，提高动作速率，并且每次落地尽量保证落在每一格子的中心。

变换：
①以右脚为起始脚，先迈入格子。
②变为两格踏入一次，增加横向的距离。
③背向绳梯，即向后完成该训练。
④在完成脚步练习的同时，躯干和双臂可放松，自由摆动，下肢保持紧张，完成训练任务。

负荷强度：中等或中等偏上，接近或等于最大速率。
次数：1~2次为宜。
组数：2~3组。
间歇：组内间歇40秒钟，组间间歇1分钟、1分10秒，依次递增10秒，主观感觉为基本恢复或完全恢复。

注意事项：
训练前应进行动态激活，尤其是充分拉伸踝关节。

9. 正向前交叉步（图4-4-9）

目的：发展内收肌群和外展肌群的柔韧性以及步法。

图4-4-9 正向前交叉步

动作要领：

①训练者采用两点站姿开始，站在绳梯的左侧，髋关节与之垂直。
②左脚在右脚前侧与右脚交叉，迈入绳梯的第一个格子内。
③右脚顺势横移于第一个格子的右侧。
④左脚向右迈出，接近第一个格子的右侧。
⑤紧接着，右脚在左脚前侧进行交叉，迈入绳梯的第二个格子内。
⑥左脚顺势横移于第二个格子的左侧，右脚向右迈出，接近第二个格子的左侧。
⑦重复上述动作，直到到达绳梯的另一端。
⑧尽量每次双脚都为前脚掌落地，提高动作速率，并且每次落地尽量保证落在每一格子的中心。

变换：

①可采用后交叉的方式进行训练。
②从背身姿势开始，即向后完成该训练。
③在完成脚步练习的同时，躯干和双臂可放松，自由摆动，下肢保持紧张，完成训练任务。

负荷强度：中等或中等偏上，接近或等于最大速率。

次数：1~2次为宜。

组数：2~3组。

间歇：组内间歇40s，组间间歇1分钟、1分10秒，依次递增10秒，主观感觉为基本恢复或完全恢复。

注意事项：
训练前应进行动态激活，尤其是充分拉伸踝关节。

10. 180°转身跳（图4-4-10）

图4-4-10　180°转身跳

目的：发展下肢爆发力及髋关节灵活性。

动作要领：
①训练者两脚开立站于绳梯的第一格外。
②双脚同时起跳，在空中旋转180°，落入绳梯的第二格。
③重复上述动作，直到到达绳梯的末端。
④尽量每次双脚都为前脚掌落地，提高动作速率。

变换：
①可根据教练员的指令，跳向不同的格子或旋转不同的角度。
②熟练动作后，可采用单腿进行跳跃。

负荷强度：中等或中等偏上，接近或等于最大速率。

次数：1~2次为宜。

组数：2~3组。

间歇：组内间歇40秒，组间间歇1分10秒、1分20秒，依次递增10秒，主观感觉为基本恢复或完全恢复。

注意事项：

训练前应进行动态激活，尤其是充分拉伸髋关节和踝关节。

第五节　小栏架训练法

小栏架训练法是通过使用不同高度的小栏架进行训练的方法，采用跨、跳、绕等，可有效提高训练者的灵敏性和协调性，若结合超等长练习，还可以提高爆发力。小栏架是目前体能训练领域使用非常广泛的小型器材之一，具有价廉、耐用及趣味性强等特点。

1. 正向高抬腿跑（图4-5-1）

图4-5-1　正向高抬腿跑

一般使用7~10个栏架进行训练，栏间距一般为训练者的2~3倍脚长。

目的：发展爆发式的冲刺能力和腹股沟的柔韧性。

动作要领：
①训练者采用两点站姿开始，站在小栏架的一端，髋关节与之平行。
②以左脚或右脚先开始，用高抬腿的方式，一格一步，快速通过所有小栏架。
③膝关节尽量抬高，迅速有力地摆臂与腿部动作相配合。
④尽量每次双脚都为前脚掌落地，提高动作速率。

变换：
①可选用低栏架，改为快速蹬地跑，完成训练。
②可变换栏架高度（如将后程的3个栏架改为高栏架），增加训练难度。
③在高抬腿跨过小栏架后，紧接着冲刺跑10~20米，提高技术间转换的能力。

负荷强度：中等或中等偏上，接近或等于最大速率。

次数：2~3次为宜。

组数：1~2组。

间歇：组内间歇30秒，组间间歇1分钟、1分10秒，依次递增10秒（如第一组与第二组间休息1分钟、第二组和第三组间休息1分10秒），主观感觉为基本恢复或完全恢复。

注意事项：
①需在精神状态良好、体力充沛时进行练习，一般放在训练课的前半部分或作为准备活动进行，若训练者感到中枢神经过度紧张，立即停止。
②训练前应进行动态激活，尤其是充分拉伸髋关节；若感到身体不适，应立即停止。
③保证每次练习尽力发挥出当时身体状态下的最大速率。

注：本节练习都需要注意以上注意事项。如没有特殊内容，本节后面部分将省略。

2. 侧向高抬腿跑（图4-5-2）

图4-5-2 侧向高抬腿跑

一般使用7～10个小栏架，栏间距一般为训练者的2～3倍脚长。
目的：发展横向的冲刺和变向能力以及内收肌群的力量。

动作要领：
①训练者采用两点站姿开始，站在小栏架的一侧，髋关节与之垂直。
②以左脚或右脚先开始，用高抬腿的方式，一栏一步，横向快速通过所有小栏架。
③在小栏架的终点变换方向，以相同的动作返回到起点。
④膝关节尽量抬高，迅速有力地摆臂与腿部动作相配合。
⑤尽量每次双脚都为前脚掌落地，提高动作速率。

变换：
①可变换栏架高度（如将后程的3个栏架改为高栏架），增加训练难度。
②不返回到起点，通过所有小栏架后，改为冲刺跑10～20米，提高技术间的转换能力。
③运用此方法要注意变换方向，达到平衡发展机体能力的目的。
负荷强度：中等或中等偏上，接近或等于最大速率。

次数：2~3次为宜。

组数：1~2组。

间歇：组内间歇30秒，组间间歇1分钟、1分10秒，依次递增10秒，主观感觉为基本恢复或完全恢复。

注意事项：

训练前应进行动态激活，尤其是充分拉伸髋关节周围和踝关节。若感到身体不适，应立即停止。

3. 正向收腹双脚跳（图4-5-3）

图4-5-3 正向收腹双脚跳

一般使用7~10个小栏架，栏间距一般为训练者的2~3倍脚长。

目的：发展髋关节柔韧性、下肢爆发力和快速起动的能力。

动作要领：

①训练者采用两点站姿开始，站在小栏架的一端，髋关节与之平行。

②采用收腹跳的姿势，双脚同时起跳，跳入小栏架的第一个格子内。

③双脚接触地面的同时，屈膝缓冲，并迅速跳起。

④重复以上动作，直到通过所有小栏架。

⑤收腹跳的同时，上肢迅速有力地摆臂与腿部动作相配合。

⑥尽量每次双脚都为前脚掌落地，提高动作速率。

变换：

①通过所有小栏架后，改为冲刺跑10~20米，提高技术间的转换能力。

②可变换栏架高度（如将后程的3个栏架改为高栏架），增加训练难度。

③可全部选用低栏架，采用直腿跳的方式，主要发展踝关节及小腿的力量（注意落地时要微屈膝缓冲）。

④可采用单腿跳的方式完成训练任务。

⑤可采用前后跳（两进一退）的方式完成训练任务。

负荷强度：中等或中等偏上，接近或等于最大速率。

次数：1~2次为宜。

组数：2~3组。

间歇：组内间歇30秒，组间间歇1分10秒、1分20秒，依次递增10秒，主观感觉为基本恢复或完全恢复。

注意事项：

①一般放在训练课的前半部分。

②训练前应进行动态激活，尤其是充分拉伸下肢肌群和踝关节。

4. 侧向收腹双脚跳（图4-5-4）

图4-5-4 侧向收腹双脚跳

一般使用7~10个小栏架进行训练，栏间距一般为训练者的2~3倍脚长。
目的：发展髋关节柔韧性、核心和腿部的爆发力及快速启动的能力。

动作要领：
①训练者采用两点站姿开始，站在小栏架的一侧，髋关节与之垂直。
②采用收腹跳的姿势，双脚同时起跳，侧向跳入小栏架的第一个格子内。
③双脚接触地面的同时，屈膝缓冲，并迅速跳起。
④重复以上动作，直到通过所有小栏架。
⑤收腹跳的同时，上肢迅速有力地摆臂与腿部动作相配合。
⑥尽量每次双脚都为前脚掌落地，提高动作速率。

变换：
①通过所有小栏架后，改为冲刺跑10~20米，提高技术间的转换能力。
②可变换栏架高度（如将后程的3个栏架改为高栏架），增加训练难度。
③可采用单腿跳的方式，完成训练任务。
负荷强度：中等或中等偏上，接近或等于最大速率。
次数：1~2次为宜。
组数：1~2组。
间歇：组内间歇40秒，组间间歇1分10秒、1分20秒，依次递增10秒，主观感觉为基本恢复或完全恢复。

注意事项：
①一般放在训练课的前半部分。
②训练前应进行动态激活，尤其是充分拉伸下肢肌群、髋关节和踝关节。
③要注意变换起跳方向和起跳腿，达到平衡发展机体能力的目的。

5. 栏架变向训练（图4-5-5）

图4-5-5　栏架变向训练

一般使用7~10个小栏架进行训练，栏间距一般为训练者的2~3倍脚长。
目的：发展脚步、变向和快速切入的能力。

动作要领：
①训练者采用两点站姿开始，站在小栏架的一端，髋关节与之平行。
②始终面向栏架的另一端，采用横向碎步移动的动作，从左向右、从右向左，快速通过所有小栏架。
③尽量贴着每一个栏架进行移动，移动范围小而迅速。
④快速有力地摆臂配合步法的移动。
⑤尽量每次双脚都为前脚掌落地，提高动作速率。

变换：
①正向通过所有小栏架后，采用相同的动作，迅速返回。
②通过所有小栏架后，改为冲刺跑10~20米，提高技术间的转换能力。
负荷强度：中等或中等偏上，接近或等于最大速率。
次数：1~2次为宜。
组数：2~3组。

间歇：组内间歇30秒，组间间歇1分10秒、1分20秒，依次递增10秒，主观感觉为基本恢复或完全恢复。

注意事项：
①一般放在训练课的前半部分。
②训练前应进行动态激活，尤其是充分拉伸髋关节和踝关节。

6. 左右前进跳（图4-5-6）

图4-5-6　左右前进跳

一般使用7~10个小栏架进行训练，将小栏架摆为首尾相连的"5"。

目的：发展核心、腿部爆发力，外展肌群和内收肌群的柔韧性，以及快速起跳的能力。

动作要领：
①训练者采用两点站姿开始，站在小栏架的一侧，髋关节与之平行。
②双脚同时起跳，跳入小栏架的第一个格子内，落地时屈膝缓冲。
③向右跳到右侧小栏架的外侧后，迅速跳回。
④向前跳入小栏架的第二个格子内，向左跳到左侧小栏架的左侧后，迅速跳回。
⑤重复以上动作，直到通过所有小栏架。
⑥上肢迅速有力地摆臂与起跳动作相配合。
⑦尽量每次双脚都为前脚掌落地，提高动作速率。

变换：

①通过所有小栏架后，改为冲刺跑10～20米，提高技术间的转换能力。

②熟练动作后，可改为单脚跳完成训练（注意要变换双脚，达到平衡发展机体能力的目的）。

负荷强度：中等或中等偏上，接近或等于最大速率。

次数：1～2次为宜。

组数：1～2组。

间歇：组内间歇40秒，组间间歇1分15秒、1分30秒，依次递增15秒，主观感觉为基本恢复或完全恢复。

注意事项：

①一般放在训练课的前半部分。

②训练前应进行动态激活，尤其是充分拉伸下肢肌群、髋关节和踝关节。

7. 十字跳（图4-5-7）

图4-5-7 十字跳

将4个小栏架摆放成一个正方形。

目的：发展腿部爆发力、踝关节柔韧性以及快速起跳的能力。

动作要领：

①训练者采用两点站姿开始，站在小栏架围成的正方形的中心，面向任一小栏架。

②双脚同时起跳，跳到面前小栏架的一侧，屈膝缓冲。

③双脚落地的同时，迅速向后跳回。

④以顺时针或逆时针的方向重复以上动作，跳过全部的4个小栏架并回到原点，即完成训练。

⑤上肢迅速有力地摆臂与起跳动作相配合。

⑥尽量每次双脚都为前脚掌落地，提高动作速率。

变换：

①熟练动作后，可改为单脚跳完成训练（注意要变换双脚，达到平衡发展机体能力的目的）。

②根据教练员的指令，跳过相应的小栏架，发展训练者的随机灵敏性。

负荷强度：中等或中等偏上，接近或等于最大速率。

次数：1～2次为宜或20～30秒/次。

组数：1～2组。

间歇：组内间歇40秒，组间间歇1分15秒、1分30秒，依次递增15秒，主观感觉为基本恢复或完全恢复。

注意事项：

①一般放在训练课的前半部分。

②训练前应进行动态激活，尤其是充分拉伸下肢肌群、髋关节和踝关节。

第六节 灵敏环训练法

灵敏环训练法是在训练过程中教练员用不同数量的灵敏环作为地标预先设置的灵敏训练方法。优点在于距离的可调节性，这就使训练具有更多的可变性和可操作性，可依据训练者的特点，自由调节训练的难度。可发展训练者快速起动制动、动觉意识、反应时间及在运动过程中切入和变向的能力。

1. 双脚前后跳（图4-6-1）

图4-6-1 双脚前后跳

将两个灵敏环并列摆放。

目的：发展快速起动、下肢反应以及踝关节的力量。

动作要领：

①训练者采用两点站姿，双脚分别站在两个灵敏环内。

②双脚同时起跳，向后跳到灵敏环后方，幅度不宜过大。

③再向前跳入灵敏环内，依次进行。

④尽量每次双脚都为前脚掌落地，提高动作速率。

⑤核心收紧，保持重心稳定，双脚尽量跳入灵敏环的中心位置。

变换：

①可增加前、后、左、右各方向的跳跃练习，均衡发展。

②在方向练习的基础上，加上位置改变（如向后跳出灵敏环时在空中旋转90°）。

③可变为碎步交替进进出出。

负荷强度：中等或中等偏上，接近或等于最大速率。

次数：30秒/组。

组数：共3~4组。

间歇：组间间歇40秒、50秒，依次递增10秒（例如，第一组和第二组之间为40秒、第二组和第三组之间为50秒），主观感觉为基本恢复或完全恢复。

注意事项：

①需在精神状态良好、体力充沛下进行练习，一般放在训练课的前半部分或作为准备活动进行，若训练者感到中枢神经过度紧张，立即停止。

②训练前应进行动态热身，尤其是充分激活膝关节和踝关节；若感到身体不适，应立即停止。

③保证每次练习尽力发挥出当时身体状态下的最大速率。

注：本节练习都需要注意以上注意事项。如没有特殊内容，本节后面部分将省略。

2. 垫步侧跳（图4-6-2）

图4-6-2　垫步侧跳

需使用4个灵敏环，灵敏环1、灵敏环2放置于训练者横向跨步的距离，灵敏环3、灵敏环4分别放置于灵敏环1和灵敏环2的内侧，4个灵敏环在一条直线上。

目的：发展制动、单腿稳定以及内收肌的力量。

动作要领：

①训练者采用两点站姿，右脚踩在灵敏环1内，左脚腾空。

②右脚向左跳入灵敏环3内后，顺势蹬地发力，向左侧跨入灵敏环2内。

③左腿单腿保持稳定后，向右跳入灵敏环4内，顺势蹬地发力，向右侧跳入灵敏环1内，依次进行。

④动作不宜过快，保证重心的稳定，腰背始终保持直立。

⑤上肢迅速有力地摆臂与起跳动作相配合。

变换：

①可将两侧的灵敏环竖向摆放，提升转变方向的能力。

②将侧向垫步跳变为原地垫步跳。

负荷强度：中等或中等偏上，接近或等于最大速率。

次数：30秒/组。

组数：共2~3组。

间歇：组间间歇45秒、60秒，依次递增15秒，主观感觉为基本恢复或完全恢复。

注意事项：

训练前应进行动态热身，尤其是髋关节和踝关节的充分激活。

3. 滑雪跳（图4-6-3）

图4-6-3 滑雪跳

需使用4个灵敏环，灵敏环1、灵敏环2放置于训练者横向跨步的最大距离上，灵敏环3、灵敏环4分别放置于灵敏环1和灵敏环2的斜上方。

目的：发展快速起动与制动、内收肌的力量以及髋关节的灵活性。

动作要领：

①训练者采用两点站姿，右脚踩在灵敏环1内，左脚在其外侧，髋关节与灵敏环平行。

②右脚内侧向左蹬地发力，左脚腾空，落在灵敏环2内。

③屈膝的同时，右手顺势触碰灵敏环4内，调整重心。

④右脚腾空，左脚内侧向右蹬地发力，落在灵敏环1内。

⑤屈膝的同时，左手顺势触碰灵敏环3，依次进行。

⑥动作不宜过快，保证重心的稳定，腰背始终保持直立。

⑦上肢迅速有力地摆臂与起跳动作相配合。

变换：

①根据训练者训练情况，调整各灵敏环之间的距离和方向，提升训练难度。

②可增加用手触碰灵敏环的数量，并均匀放置于灵敏环1、2周围，每次跳跃可触碰不同的灵敏环，提高单腿稳定性。

负荷强度：中等或中等偏上，接近或等于最大速率。

次数：30秒/组。

组数：共2～3组。

间歇：组间间歇45秒、60秒，依次递增15秒，主观感觉为基本恢复或完全恢复。

注意事项：

①一般放在训练课的前半部分。

②训练前应进行动态热身，尤其是充分激活髋关节和踝关节。

4. 交叉开合跳（图4-6-4）

图4-6-4 交叉开合跳

使用2个灵敏环，竖向排列放置。
目的：发展下肢反应、髋关节灵活性以及动觉意识。

动作要领：
①训练者采用两点站姿，双脚开立，横跨灵敏环。
②双脚同时起跳，右脚踏入前侧灵敏环内，左脚踏入后侧灵敏环内，双脚位于一条直线上。
③向外侧跳回到起始位置后，变换交叉跳入灵敏环内，左脚踏入前侧灵敏环，右脚踏入后侧灵敏环，双脚位于一条直线上，依次进行。
④尽量每次双脚都为前脚掌落地，提高动作速率。
⑤核心收紧，保持重心稳定，双脚尽量跳入灵敏环的中心位置。

变换：
可在交叉跳跃的基础上增加转向（如空中向左侧或右侧依次旋转90°）。
负荷强度：中等或中等偏上，接近或等于最大速率。
次数：30秒/组。
组数：共3～4组。

间歇：组间间歇40秒、50秒，依次递增10秒，主观感觉为基本恢复或完全恢复。

注意事项：
训练前应进行动态热身，尤其是充分激活髋关节和踝关节。

5. 单脚开合跳（图4-6-5）

图4-6-5 单脚开合跳

使用8～12个灵敏环，竖向排列放置。
目的：发展快速起动与制动、下肢反应以及髋关节的灵活性。

动作要领：
①训练者采用两点站姿，站在灵敏环的一端。
②右脚跳入灵敏环1内的同时，左脚做后踢腿的姿势，迅速起跳。
③双脚同时落在灵敏环2的两侧。
④紧接着，双脚内侧同时发力，左脚跳入灵敏环3内，右脚做后踢腿的姿势。
⑤迅速起跳，双脚分别落在灵敏环4的两侧。

变换：
①从背身姿势开始，即向后完成该训练。

②双臂可跟随起跳的节奏进行展开一合十的变换。

负荷强度：中等或中等偏上，接近或等于最大速率。

次数：1~2次为宜。

组数：2~3组。

间歇：groups组内间歇40秒钟，组间间歇1分钟、1分10秒，依次递增10秒，主观感觉为基本恢复或完全恢复。

注意事项：

①一般放在训练课的前半部分进行。

②训练前应进行动态激活，尤其是充分拉伸下肢肌群。

6. 开合跳—前交叉拍脚（图4-6-6）

图4-6-6　开合跳—前交叉拍脚

使用8~12个灵敏环，竖向排列放置。

目的：发展步法及髋关节灵活性。

动作要领：

①训练者采用两点站姿，站在灵敏环的一端。

②双脚同时起跳，落在灵敏环1的两侧。

③继续向前，左脚落在灵敏环2内，右脚顺势抬起，左手轻拍右脚内侧。

④左脚发力向前跳，双脚落在灵敏环3的两侧。

⑤继续向前，右脚落在灵敏环4内，左脚顺势横向抬起，右手轻拍左脚内侧。
⑥重复上述动作，直到到达灵敏环的另一端。
⑦每次落地尽量保证落在每一个灵敏环的中心。

变换：
①可变为后交叉拍脚。
②从背身姿势开始，即向后完成该训练。
负荷强度：中等或中等偏上，接近或等于最大速率。
次数：1~2次为宜。
组数：2~3组。
间歇：组内间歇50秒，组间间歇1分钟、1分10秒，依次递增10秒，主观感觉为基本恢复或完全恢复。

注意事项：
①一般放在训练课的前半部分进行。
②训练前应进行动态激活，尤其是充分拉伸下肢肌群和髋关节。

7．并脚跳

使用8~12个灵敏环，竖向排列放置。
目的：发展快速起跳、下肢反应及小腿和踝关节的力量。

动作要领：
①两腿并拢。
②双脚同时发力，依次跳入灵敏环内，落地屈膝缓冲，迅速起跳。
③重复上述动作，直到到达灵敏环的另一端。
④每次落地尽量保证落在每一个灵敏环的中心。
⑤尽量每次双脚都为前脚掌落地，提高动作速率。

变换：
①从背身姿势开始，即向后完成该训练。

②可改为进二退一,提高起动制动的能力。

③变为侧身并步跳,双脚同时进出。

负荷强度:中等或中等偏上,接近或等于最大速率。

次数:1~2次为宜。

组数:2~3组。

间歇:组内间歇40秒,组间间歇1分钟、1分10秒,依次递增10秒,主观感觉为基本恢复或完全恢复。

注意事项:

①一般放在训练课的前半部分进行。

②训练前应进行动态激活,尤其是充分拉伸踝关节。

第五章　协调性训练方法

第一节　反向训练法

反向训练法是指通过运用非习惯肢体或方向进行运动，以达到提升身体协调性的一种训练方法。此训练方法在提升协调性的训练中较为普遍。

1. 反向垫步跳（图5-1-1）

目的：发展上下肢协调性。

动作要领：

①训练者背向练习区域，将右腿作为支撑腿并使支撑脚脚尖点地，左腿作为起跳腿向上抬起至大腿与地面平行，同时左侧手臂向上摆动至胸部高度，右侧手臂向后自然摆动。

②随后，右腿用力蹬地使身体短暂腾空，左脚落地后左腿作为支撑腿并将右腿抬起至大腿与地面平行，同时右侧手臂从后向前上方摆动到胸部高度，左侧手臂顺势向后摆动。

③之后，重复进行此动作。

负荷强度：每组8~10米，做4组，每组间歇时间30秒。

图5-1-1　反向垫步跳

注意事项：

①在练习此动作时应选择空旷且地面较为平整的地点。

②肢体协调性较差者可从反向步行开始练习，逐步增加难度到反向垫步跳。

③在整个反向垫步跳练习过程中，要避免脚后跟落地对身体造成损伤，应当始终是支撑腿脚尖触地。

④在练习过程中身体应保持中立，以防失去重心向后倾倒。

2. 垂直跳跃（图5-1-2）

图5-1-2　垂直跳跃

目的：发展上下肢协调性。

动作要领：

①双脚自然开立比肩略宽，脚尖稍微指向外侧，膝关节轻微弯曲。双手自然垂于两侧臀部位置，背部挺直。

②之后，将臀部向后，使身体下蹲直到大腿与地面平行。

③随后，双腿用力蹬地，使身体向上跃起。跳起时，保持双脚慢慢靠拢，以保证落地时双脚间有几厘米的间隙，落地时确保脚尖先着地。

④随后，立刻起跳回到起始位置。

负荷强度：每组8~10次，做4组，每组间歇时间40秒。

注意事项：

①练习此动作时应选择空旷且地面较为平整的地点。

②进行此练习前，应充分热身，尤其是髋、膝、踝关节，以免运动中受伤。

③双脚在空中靠拢时注意距离不要过于接近，否则落地时有摔倒的危险。

④起跳落地时要保证脚尖先着地，给身体一个缓冲。

3. 反向开合跳（图5-1-3）

图5-1-3　反向开合跳

目的：发展下肢协调性。

动作要领：

①训练者双脚自然开立与肩同宽，两脚分别站在一条起辅助作用的线的两侧，身体保持直立状态。

②动作开始时，双脚向前蹬地跳起，以右腿为支撑腿，脚尖着地踩在线上，左腿的大腿与小腿稍微折叠于右腿后方15~20厘米的位置。

③随后两脚同时落地于线的两侧，双脚再次蹬地，以左腿为支撑腿，左脚脚尖着地，腿踩在线上，右腿大小腿脚稍微折叠于左腿后方15~20厘米的位置。

④进行此动作时，双手手臂始终放在身体两侧以维持平衡。

负荷强度：每组8~10米，做4组，每组间歇时间30秒。

注意事项：
①练习此动作时应选择空旷且地面较为平整的地点。
②落地时应始终保证脚尖先着地。
③训练过程中应保证后方不要放置杂物，保证安全。
④练习过程中，手臂应始终放在身体两侧以维持平衡。

4. 反向方形跳（图5-1-4）

图5-1-4 反向方形跳

目的：发展下肢协调性及空间感知觉。

动作要领：
①准备动作时，运动员双脚并立背向练习区域，身体保持直立，双手自然置于身体两侧。
②动作开始时，运动员双腿微微弯曲向前蹬地使身体向后跳跃，落地时，脚尖着地缓冲后脚后跟再与地面接触。
③随后，转体90°重复以上动作环节，以此方法反向跳跃4次，使4次反向跳跃

轨迹呈现方形。

④在整个跳跃过程中，手臂弯曲放在身体两侧以维持身体平衡。

负荷强度：每组8~10次，做4组，每组间歇时间30秒。

注意事项：

①在练习此动作时应选择空旷且地面较为平整的地点。

②反向跳跃落地时，要使脚尖先落地缓冲，随后脚后跟再着地。

③注意将双手放在身体两侧保持平衡，以防摔倒。

第二节　节奏训练法

节奏训练法是指在训练中通过对动作完成过程时间的控制或根据动作完成特点进行阶段间隔性练习，以逐步提升训练者整体协调性的训练方法。

1. 手臂变换节奏训练1（图5-2-1）

图5-2-1　**手臂变换节奏训练1**

目的：发展上下肢协调性。

动作要领：

①准备动作时，训练者双腿自然开立与肩同宽，身体保持中正，双手手臂弯曲，手心向内置于下颌两侧。动作开始后，运动员双腿同时发力连续向前跳跃，每次跳跃10～15厘米。

②在跳跃过程中，双手手臂首先由下颌两侧向上伸展至完全直臂状态，手心向前。之后，双手手臂依旧呈直臂状态向身体两侧打开，与胸部平齐，手心向前。随后，两臂上臂保持相对固定，以肘关节为轴使前臂向内弯曲，手心向内贴近胸部。之后，双手恢复至起始位置。

负荷强度：每组循环8～10次，做8～10组，每组间歇时间30秒。

注意事项：

①进行此练习前应充分热身，尤其是踝关节。

②应选择较为平整的地面，且保证目标区域没有杂物。

③初步接触此训练时，可以先省去跳跃动作，待手臂动作熟练后再结合跳跃进行。

注：本节练习都需要注意①②注意事项，后面将省略。

2. 手臂变换节奏训练2（图5-2-2）

目的：发展上下肢协调性。

动作要领：

①准备动作时，训练者双腿自然开立与肩同宽，身体保持中正，双手手臂弯曲，手心向内放在下颌两侧。

②动作开始后，运动员双腿同时发力连续向前跳跃，每次跳跃10～15厘米。在跳跃过程中，右手手臂从下颌处向上伸展至完全直臂状态，手心向前，左臂保持相对固定。之后，右臂从直臂状态向身体右侧下放至与胸部平齐，手心向前；同时，左臂由下颌处向上伸展至直臂状态，手心向前。随后，右臂上臂保持相对固定，以

图5-2-2　手臂变换节奏训练2

肘关节为轴前臂向内弯曲，手心向内贴近胸部；同时左臂从直臂状态向身体左侧下放至与胸部平齐，手心向前。

③最后，双手恢复至起始位置。

负荷强度：每组循环8～10次，做8～10组，每组间歇时间30秒。

3. 双脚交换节奏跳1（图5-2-3）

图5-2-3　双脚交换节奏跳1

目的：发展下肢协调性。

动作要领：

①准备动作时，运动员以右腿为支撑腿，单腿站立，左腿以髋关节为轴呈伸直状态向身体左侧抬起，与地面成60°～90°夹角，双手手臂自然下垂，放在髋关节前方。

②动作开始后，右腿稍微弯曲并用力蹬地向前跳跃两次，每次跳跃10～15厘米，左腿保持相对固定。

③在右腿第三次跳跃的短暂腾空过程中，左腿迅速收回并取代右腿作为支撑腿，同时右腿呈伸直状态向身体右侧抬起，与地面成60°～90°夹角，双手手臂自然下垂，放在髋关节前。左腿向前跳跃，每次跳跃距离为10～15厘米，随后重复以上动作。

负荷强度：每组循环8～10次，做8～10组，每组间歇时间30秒。

注意事项：

在整个动作进行过程中，手臂始终位于髋关节前方，起到维持身体平衡的作用。

4. 四肢变换节奏跳2（图5-2-4）

图5-2-4　四肢变换节奏跳2

目的：发展上下肢协调性。

动作要领：

①准备动作时，训练者以右腿为支撑腿单腿站立，左腿以髋关节为轴呈伸直状态向身体左侧抬起，与地面成60°～90°夹角。

②同时右手臂抬起至与肩平齐，手心向下；左手臂向右伸展，放在右胸前，手心向内。动作开始后，右腿稍微弯曲并用力蹬地向前跳跃两次，每次跳跃10～15厘米，左腿保持相对固定。

③在右腿第三次跳跃的短暂腾空过程中，左腿迅速收回并取代右腿作为支撑腿，此时右腿呈伸直状态向身体右侧抬起，与地面成60°～90°夹角，同时，左手臂由右胸向身体左侧伸展至直臂状态与肩平齐，右手臂向左收至左胸前。左腿向前跳跃，每次跳跃距离为10～15厘米，重复以上动作。

负荷强度：每组循环8～10次，做8～10组，每组间歇时间30秒。

注意事项：

要注意双脚和双手的交换应同时进行。

5. 四肢变换节奏跳3（图5-2-5）

图5-2-5　四肢变换节奏跳3

目的：发展上下肢协调性。

动作要领：

①准备动作时，训练者以右腿为支撑腿，单腿站立，左腿呈伸直状态向身体左侧抬起，与地面成60°～90°夹角，两手臂向上自然伸展至直臂状态。

②动作开始后，右腿稍微弯曲并用力蹬地向前跳跃两次，每次跳跃10～15厘米，左腿保持相对固定；同时，双臂以肩关节为轴做逆时针旋转。在右腿第三次跳跃的短暂腾空过程中，左腿迅速收回并取代右腿作为支撑腿，此时右腿呈伸直状态向身体右侧抬起，与地面成60°～90°夹角，此时双臂正好完成一圈的旋转。随后如上跳跃，重复以上动作。

负荷强度：每组循环8～10次，做8～10组，每组间歇时间30秒。

注意事项：

要注意双脚在交换跳跃时双手臂正好完成旋转一圈。

第三节　复杂组合练习法

复杂组合练习法是指采用不习惯组合动作，使已掌握的动作更加复杂化或利用各种器械、自然环境做各种较复杂的练习。

1. 多向拍脚训练（图5-3-1）

图5-3-1　多向拍脚训练

目的：发展上下肢协调性。

动作要领：

①训练者双腿自然开立与肩同宽。动作开始时，首先重心转移至右腿，将左腿向内侧翻转呈踢毽子姿势，同时右手触碰左脚脚内侧，然后左脚落地并将重心转移至左腿。

②随后右脚向内侧翻转呈踢毽子姿势，同时左手触碰右脚的脚内侧，然后右脚落地并将重心转移至右腿。

③随后，左腿折叠踢向右臀，同时右手触碰左脚脚尖，然后左脚迅速落地并将重心转移至左腿。

④最后右腿折叠踢向左臀，同时左手触碰右脚脚尖，然后右脚迅速落地并将重心转移至右腿。重复以上动作。

负荷强度：每组循环8~10次，做8~10组，每组间歇时间1分钟。

注意事项：
①进行此练习前应充分热身，尤其是踝关节和膝关节，避免运动中发生损伤。
②练习时若赤脚，应在较为柔软的地面上进行。
③初次练习时可先只做前两个或后两个动作，最后由慢到快地进行组合练习。
④动作熟练后可进行侧向移动或倒向移动中的拍脚练习。
注：本节练习都要注意①②注意事项，后面将省略。

2. 卓别林式跳走（图5-3-2）

图5-3-2　卓别林式跳走

目的：发展上下肢协调性。

动作要领：
①准备动作时，训练者双脚开立与肩同宽，将双腿的膝关节和两脚脚尖内旋至相对的姿势，上半身保持直立，两臂向身体两侧打开，使前臂与地面平行，掌心朝前。

②动作开始后，双腿蹬地使身体短暂腾空。在腾空过程中，双腿膝关节和两脚脚尖由相对状态变为向外打开，使两腿呈"O"型腿状态，同时双臂以肘关节为轴内旋，双手触碰身体两侧肋骨。

③随后，双腿用力蹬地使整个身体向右旋转90°，同时双腿和双臂恢复至起始状态。继续重复以上动作，直至完成一圈的旋转。

负荷强度：每组循环8~10次，做8~10组，每组间歇时间1分钟。

注意事项：

初次练习时可先不做身体的整体90°旋转，动作熟练后再由慢到快地进行组合练习。

3. 跨步跳（图5-3-3）

图5-3-3 跨步跳

目的：发展上下肢协调性。

动作要领：

①准备动作时，训练者双腿前后站立，左腿在前，膝关节弯曲使左腿大腿与地面平行，右腿脚尖着地，大腿与小腿夹角为135°~165°，右臂置于身体右前方，将前臂立起至与下颌平齐，左臂自然下垂于身体左侧。

②动作开始后，双腿用力蹬地使身体短暂腾空，在空中时左右腿交换位置使右腿在前左腿在后，同时左臂向前上方摆动，右臂向后摆动。

③落地时，重心继续下降使右腿的大腿与地面平行，左腿大腿与小腿夹角为135°~165°。

④随后双腿继续蹬地使身体短暂腾空，直至完成一圈的转动。

负荷强度：每组循环8~10次，做8~10组，每组间歇时间1分钟。

注意事项：

在将身体进行90°的转动时应把握好力度，以防落地时失去重心摔倒。

4. 臀部跳转（图5-3-4）

图5-3-4 臀部跳转

目的：发展下肢协调性。

动作要领：

①训练者双手撑地将上半身撑起，双脚脚尖着地，手脚之间的距离约为俯卧撑动作时手脚间距的一半。

②随后，运动员以左腿为支撑，身体向左微微转动将右腿抬起，使右腿从左臂与左腿之间穿过。随后，左腿蹬地发力使身体除双手外短暂腾空，同时右腿迅速收回至原先位置作为支撑腿，并将左腿抬起从右臂与右腿之间穿过。重复以上练习。

负荷强度：每组循环8~10次，做8~10组，每组间歇时间1分钟。

注意事项：

一条腿在穿过手臂和另一条腿之间的空隙后保持腾空，不要接触地面。

5. 方形转动（图5-3-5）

图5-3-5 方形转动

目的：发展上下肢协调性。

动作要领：

①准备动作时，训练者双手撑地将上半身撑起，面向地面，双腿微微弯曲，使双脚的整个脚掌都着地。

②动作开始后，训练者以左臂和右脚为支撑，右臂和左脚离地，同时向右翻转身体，右手臂和左脚着地时使身体完全朝向天空。

③然后以右臂和左脚为支撑，左臂和右腿离地，身体继续向右转动，当左臂和右脚着地时，使身体朝向地面。随后继续重复以上练习。

负荷强度：每组循环8～10次，做8～10组，每组间歇时间1分钟。

6. 交叉步跳（图5-3-6）

图5-3-6　交叉步跳

目的：发展四肢、视觉协调性及空间感知觉。

动作要领：

①准备动作时，训练者站在长凳左侧，左腿作为支撑腿，右脚放在长凳上，双臂自然放在身体两侧前方。

②动作开始时，右脚用力蹬长凳使身体短暂腾空，在腾空过程中，右脚落地支撑，同时左脚从右腿后方绕过使左脚脚尖触碰长凳。随后右腿发力使身体短暂腾空

后恢复右脚在长凳上时的最初姿势。

③接下来，腿部肌肉继续发力，使身体短暂腾空，右脚落地支撑，左脚从右腿前方绕过并使左脚前脚掌踏在长凳上，随后再恢复右脚踏在训练者凳上的起始姿势。

④随后，双腿同时发力，使身体从凳子上方越过，处在凳子的右侧，落地时以右脚为支撑，左脚放在凳子上，如前做对侧动作，然后重复练习。

负荷强度：每组循环4~6次，做4~6组，每组间歇时间1分钟。

注意事项：
在从长凳的一侧越至另一侧时，要注意跳跃高度，以防被长凳绊倒。

7. 单腿跳跃（图5-3-7）

图5-3-7　单腿跳跃

目的：发展四肢、视觉协调性及空间感知觉。

动作要领：
①准备动作时，训练者面对长凳站立，左脚落地支撑，右脚踏在长凳上，双手自然放在身体两侧前方。
②随后双腿发力，身体越过长凳，背向长凳。落地时右脚作为支撑脚，左脚脚尖落在长凳上。
③随后双腿发力使身体短暂腾空，左脚落地支撑，右脚脚尖落在长凳上。
④然后，左腿蹬地同时右腿向后方蹬伸，使身体越过长凳，面对长凳。落地时右脚作为支撑脚，左脚脚尖落在长凳上。
⑤然后双腿发力，使左脚落地支撑，右脚脚尖踏在长凳上。随后，重复以上动作。
负荷强度：每组循环4~6次，做4~6组，每组间歇时间1分钟。

注意事项：
在从长凳的一侧越至另一侧时，要注意跳跃高度，以防被长凳绊倒。

8. 旋转跳跃（图5-3-8）

目的：发展四肢、视觉协调性及空间感知觉。

动作要领：
①准备动作时，训练者站在长凳左侧，左脚落地作为支撑脚，右脚前脚掌放在长凳上。
②动作开始时，双腿用力蹬地，同时双臂积极摆动，使身体逆时针旋转180°，旋转后以右脚为支撑脚，左脚踏在长凳上；随后双腿发力，同时双臂积极摆动，身体顺时针旋转180°，使右脚落在长凳上，左脚落地支撑。
③然后，双腿发力使身体越过长凳至长凳的右侧。之后，双腿发力，双臂积

图5-3-8 旋转跳跃

极摆动，身体顺时针旋转180°，旋转后左脚支撑，右脚落在长凳上。接着如上做对侧动作。随后重复以上练习。

负荷强度：每组循环4~6次，做4~6组，每组间歇时间1分钟。

注意事项：

身体在旋转时速度应适当慢些，以防用力过度导致失去平衡摔倒。

9.横向交叉侧滑步（图5-3-9）

图5-3-9 横向交叉侧滑步

目的：发展上下肢协调性。

动作要领：
①准备动作时，训练者双手按在长凳上，双腿蹬直并使脚尖着地。
②动作开始后，右臂从左臂后方穿过后继续向左，使双手距离略宽于肩，同时双腿交叉。
③随后以右臂和左腿为支撑，左臂向右落在右臂右侧，右腿向左略比肩宽。随后，重复以上练习。

负荷强度：每组循环8~10次，做8~10组，每组间歇时间30秒。

注意事项：
进行此练习时双手臂应保持保持发力，以便稳定地将上半身撑起。

第四节 本体感觉性练习

肌肉、肌腱和关节囊中分布的本体感受器（肌梭和腱梭），能分别感受肌肉被牵拉的程度以及肌肉收缩和关节伸展的程度。这种本体感受器受到刺激所产生的躯体各部相对位置和状态的感觉，称为本体感觉，或称运动觉。

1. 俯卧抓球（图5-4-1）

图5-4-1 俯卧抓球

目的：发展手眼协调性。

动作要领：

①准备动作时，训练者以左臂和右腿为支撑，呈俯卧撑姿势，身体绷直，右手向身体前方伸出并保证手臂不弯曲，手中握住一个球，同时左腿保持蹬直状态离开地面。

②动作开始后，训练者右手松开使小球落地，同时迅速右手和左腿落地并支撑，同时抬起右腿和左臂，左手在小球反弹起来时将其握在手中。随后重复以上练习。

负荷强度：每组8～10次，做8～10组，每组间歇时间1分钟。

注意事项：

①进行此练习时支撑手臂和支撑腿应保持持续发力，使身体始终绷直。

②此练习应当在较为柔软的地面上进行，且应量力而行。

2. 转身接抛球（图5-4-2）

图5-4-2 转身接抛球

目的：发展四肢协调性及视觉协调性。

动作要领：

①首先，训练者要准备一个网球。准备动作时，训练者双腿自然开立与肩同宽，右手握球置于身前并与胸部平齐，左手自然垂于身体一侧。

②动作开始后，训练者松开握球手使球自然下落，此时双腿同时发力并配合双臂积极地摆动，身体顺时针跳转180°背向网球；随后，训练者双臂摆动配合双腿发力，继续逆时针跳转180°，使身体重新面向网球。

③然后迅速用手接住正在空中的网球。随后，恢复至起始的准备姿势并重复以上练习。

负荷强度：每组循环8~10次，做8~10组，每组间歇时间30秒。

注意事项：

①进行此练习时应适度发力，以免使身体失去重心而摔倒。

②训练者可以向不同的方向抛球，以增加逆时针跳转回来后的接球难度。

此外，踢毽子也可以发展下肢与视觉协调性。动作则不再赘述。

第五节　念动练习法

念动训练，即由运动观念而引起的运动反应，通过对运动的想象或回忆来实现。通过想象或回忆某种运动动作，引起神经肌肉的相应变化，从而起到训练的作用。这是一种表象和自我暗示相结合的心理训练方法。

1. 先想后练习法

训练者听完动作要领讲解或看完动作示范后，在口中复述或在脑中回忆动作画面，随后再进行协调性的模仿训练，要求在模仿练习的同时也要复述或想象动作画面。

2. 先练后想法

训练者先做完整的协调性动作练习，再默念动作要领或在脑海中想象动作画面，随后再进行完整的协调性动作练习，然后默念动作要领或回想动作画面。随后继续重复以上练习。

3. 诱导想象法

在听动作要领讲解的同时，跟随讲解闭目想象动作画面。随后再进行协调性练习。

4. 边念边练法

在基本掌握某一动作的协调性训练方法后，训练者之间互相施加语言信号，进一步完善动作，使动作更加熟练、协调。

注意事项：

①放松是有效想象的前提。运动员在进行训练时，要在安静环境中身体放松的状态下进行。把注意力集中在要想象的对象上，做到既专注又放松，因为人在紧张时会抑制想象力的效能。

②想象的生动性对想象的有效性起决定作用。想象的动作要尽量逼真，细节尽可能详细、真实，不要模糊和跳跃，因为想象得越清晰生动，想象能力就越强，效果就越好。

③想象训练要与技术训练、战术训练相结合才能收到良好效果。

④进行想象练习时，运动员将内部想象与外部想象两者结合起来使用，效果更为明显。训练者可以从外部想象分析错误动作，然后采用内外结合的方法纠正错误动作，这样有利于正确动作的形成和巩固。

⑤想象训练的效果也取决于想象者的心理控制力。进行想象时，应集中于动作、情绪，注意力要高度集中，不能有分心现象。

⑥进行想象时，要激发起获得成功时的情感体验，对想象持怀疑或否定态度的人，是不会获得预期效果的。因此，在想象时要强化成功感，弱化失败。

第四章和第五章中展示的灵敏性和协调性训练方法，均可作为任意一个项目的基础训练，有助于提升训练者的基础灵敏性和协调性，为更加专项化的灵敏性和协调性训练打下良好的基础。

第六章 不同体育项目的灵敏性与协调性训练

第一节 篮球

在篮球运动中，需要球员向前、向后、向侧边等全方位的移动，需要从静止到加速再到静止的全速移动及随机移动、变向的能力。在进攻中，持球队员需要运球摆脱对手，无球队员需要移动到合理位置参与进攻；在防守中，防守队员要紧跟进攻队员或在自己防守的区域中来回贴防和补防。具备优秀随机灵敏性及协调性的运动员，会在篮球比赛中发挥出至关重要的作用。

1. 双人手眼协调训练

目的：发展上肢反应、下肢敏捷性及动觉意识。

动作要领：
①训练者站在篮球场一边的边线两侧，面对面站立。
②训练者1采用微蹲姿势，前脚掌着地，碎步向前跑。
③训练者2后退小步跑，掌心向前，双臂以不同方向、不同速率来回摆动。
④训练者1在向前跑的过程中，以同侧手或异侧手迅速触碰训练者2伸出的手。
⑤到达篮球场的另一条边线后，两名训练者交换动作，直到回到起点。
负荷强度：中等或中等偏上，接近或等于最大速率。
次数：1~2次为宜。
组数：2~3组。

间歇：组内间歇50秒，组间间歇1分10秒、1分20秒，依次递增10秒（例如，第一组和第二组之间为1分10秒、第二组和第三组之间为1分20秒），主观感觉为基本恢复或完全恢复。

注意事项：

①需在精神状态良好、体力充沛的情况下进行练习，一般放在训练课的前半部分，若训练者感到中枢神经过度紧张，立即停止。

②训练前应进行动态激活，尤其是充分拉伸踝关节、膝关节；若感到身体不适，应立即停止。

③保证每次练习尽力发挥出当时身体状态下的最大速率。

2. 前后交替摸脚（图6-1-1）

图6-1-1　前后交替摸脚

目的：发展髋关节灵活性及手脚协调性。

动作要领：
①训练者站在篮球场边线一侧，髋关节与其平行。
②在向前跑动的过程中，右手连续在体前碰左脚、左手在体前碰右脚、右手在体后碰左脚、左手在体后碰右脚，直到到达另一侧边线。
负荷强度：中等或中等偏上，接近或等于最大速率。
次数：2～4次为宜。
间歇：组间间歇30秒，主观感觉为基本恢复或完全恢复。

注意事项：
①需在精神状态良好、体力充沛的情况下进行练习，一般作为训练课的准备部分，若训练者感到中枢神经过度紧张，立即停止。
②训练前应进行动态激活，尤其是踝关节、髋关节的充分拉伸；若感到身体不适，应立即停止。
③保证每次练习尽力发挥出当时身体状态下的最大速率。

3. 四锥桶反应训练（图6-1-2）

图6-1-2　四锥桶反应训练

将四锥桶放置于四角，呈正方形，一般两锥桶间的距离为10米。
目的：发展步法、下肢反应、髋关节灵活性及动觉意识。

动作要领：

①训练者采用防守姿势，在四锥桶的中心原地碎步跑，等待教练员的指令。

②根据教练员的指令，快速向所指锥桶滑步移动，一侧手掌触碰到锥桶后，快速返回。

③中间增加90°、180°转向跳的练习及接地滚网球。

④最后，听教练员的指令，快速冲刺，即结束。

负荷强度：中等或中等偏上，接近或等于最大速率。

次数：20~40秒次为宜。

组数：2~3组。

间歇：组内间歇50秒，组间间歇1分15秒、1分25秒依次递增10秒，主观感觉为基本恢复或完全恢复。

注意事项：

①需在精神状态良好、体力充沛下的情况进行练习，一般放在训练课的前半部分，若训练者感到中枢神经过度紧张，立即停止。

②训练前应进行动态激活，尤其是充分拉伸髋关节；若感到身体不适，应立即停止。

③保证每次练习尽力发挥出当时身体状态下的最大速率。

4. 标志碟变向训练

目的：发展步法、变向、快速起动与制动及动觉意识。

动作要领：

①训练者持球在篮球场一侧边线等待，教练员手持数量不等的标志碟面向训练者。

②当教练员后撤跑时，训练者运球跟进。

教练员随机向不同方向掷出标志碟，训练者在快速向标志碟移动的同时，随机做出不同的变向动作。

③教练员将所有标志碟掷出后，训练者迅速冲向篮筐，将球投进，即为训练结束。

负荷强度：中等或中等偏上，接近或等于最大速率。

次数：4~6次为宜。

间歇：间歇1分，组间间歇1分15秒、1分25秒，依次递增10秒，主观感觉为基本恢复或完全恢复。

注意事项：

①一般作为训练课的主要部分进行，若训练者感到中枢神经过度紧张，立即停止。

②训练前应进行动态激活，全身充分进行热身；若感到身体不适，应立即停止。

③保证每次练习尽力发挥出当时身体状态下的最大速率。

5. 绳梯运球刺探步训练

目的：发展步法、快速起动及人球结合的能力。

动作要领：

①训练者采用微蹲姿势，持球站于绳梯的右侧，髋关节与之垂直。

②采用碎步向前运球的同时，髋关节与绳梯的格子平行，左脚向格子内做刺探步。

③踏入格子的同时，运球做"in and out"的动作。

④重复上述动作，直到到达绳梯另一端后，换边重复进行。

⑤脚步要求轻快有力，单脚踏入绳梯的格子后，应迅速收回。

负荷强度：中等或中等偏上，接近或等于最大速率。

次数：3~4次为宜。

间歇：间歇45分，组间间歇1分钟、1分15秒，依次递增15秒，主观感觉为基本恢复或完全恢复。

注意事项：

①需在精神状态良好、体力充沛的情况下进行练习，一般放在训练课的前半部分，若训练者感到中枢神经过度紧张，立即停止。

②训练前应进行动态激活，尤其是充分拉伸髋关节；若感到身体不适，应立即停止。

③保证每次练习尽力发挥出当时身体状态下的最大速率。

6. 双球体前双变向

目的：发展步法、下肢反应及手眼协调能力。

动作要领：

①训练者手持双球站在边线的一侧，双手同时运球向前走。

②左手轻拍篮球，使其在身前自由弹起，同时右手持球做体前双变向的动作。

③在做体前双变向的同时，双脚向两侧平行分开，压低重心进行练习。

④体前双变向后，双手同时向前运球调整2~3下后，继续换手练习。

负荷强度：中等或中等偏上，接近或等于最大速率。

次数：篮球场中线的距离，15米/次或15米×2/次往返为宜。

间歇：间歇1分钟，组间间歇1分10秒、1分20秒，依次递增10秒，主观感觉为基本恢复或完全恢复。

注意事项：

①需在精神状态良好、体力充沛的情况下进行练习，一般作为训练课的主要部分进行，若训练者感到中枢神经过度紧张，立即停止。

②训练前应进行动态激活，尤其是充分拉伸下肢肌群及髋关节；若感到身体不适，应立即停止。

③保证每次练习尽力发挥出当时身体状态下的最大速率。

7. 双球剪刀步双胯下

目的：发展步法、加减速、手眼协调及下肢反应。

动作要领：
①训练者手持双球站在边线的一侧，双手同时运球向前走。
②左手轻拍篮球，使其在身前自由弹起，同时右手持球做双胯下的动作。
③在做体前双胯下的同时，双脚做前后弓步的姿势，后脚脚跟抬起，压低重心进行练习。
④做体前双胯下后，双手同时向前运球调整2~3下后，继续换手练习。
负荷强度：中等或中等偏上，接近或等于最大速率。
次数：篮球场中线的距离，15米/次或15米×2/次往返为宜。
间歇：间歇1分钟，组间间歇1分10秒、1分20秒，依次递增10秒，主观感觉为基本恢复或完全恢复。

注意事项：
①需在精神状态良好、体力充沛的情况下进行练习，一般作为训练课的主要部分进行，若训练者感到中枢神经过度紧张，立即停止。
②训练前应进行动态激活，尤其是充分拉伸下肢肌群及髋关节；若感到身体不适，应立即停止。
③保证每次练习尽力发挥出当时身体状态下的最大速率。

8. 双球哈达威变向

目的：发展步法、制动、手眼协调及下肢反应。

动作要领：
①训练者手持双球站在边线的一侧，双手同时运球向前走。
②左手轻拍篮球，使其在身前自由弹起，同时右手持球向左做胯下+体前变向的动作。

③在做哈达威变向的同时，双脚向两侧略微交错打开，幅度要大，压低重心进行练习。

④哈达威变向后，双手同时向前运球调整2~3下后，继续换手练习。

负荷强度：中等或中等偏上，接近或等于最大速率。

次数：篮球场中线的距离，15米/次或15米×2/次往返为宜。

间歇：间歇1分钟，组间间歇1分10秒、1分20秒，依次递增10秒，主观感觉为基本恢复或完全恢复。

注意事项：

①需在精神状态良好、体力充沛的情况下进行练习，一般作为训练课的主要部分进行，若训练者感到中枢神经过度紧张，立即停止。

②训练前应进行动态激活，尤其是充分拉伸下肢肌群及髋关节；若感到身体不适，应立即停止。

③保证每次练习尽力发挥出当时身体状态下的最大速率。

9. 哑铃+波速球下的燕式平衡

目的：发展单腿平衡、投篮的稳定性及流畅度。

动作要领：

①以左脚站立于波速球为例，右手手持哑铃，调整身体姿态，保持平衡。

②上身保持正直，做燕式平衡动作。

③在回身的过程中，右腿做高抬腿动作，右手顺势持哑铃上举。

④重复上述动作，直到完成计划组数。

负荷强度：中等或中等偏上，接近或等于最大速率。

次数：左右腿各8次/组。

组数：2~3组。

间歇：间歇40秒，组间间歇1分05秒、1分15秒，依次递增15秒，主观感觉为基本恢复或完全恢复。

注意事项：

①需在精神状态良好、体力充沛的情况下进行练习，一般放在训练课的前半部分进行，若训练者感到中枢神经过度紧张，立即停止。

②训练前应进行全身激活，尤其是核心区的动态激活；若训练者感到中枢神经过度紧张，立即停止。

③保证每次练习尽力发挥出当时身体状态下的最大速率。

第二节　足球

足球运动是一项以脚控制和支配球为主的运动，在同一块长方形球场上两支球队按照一定规则互相进行攻防对抗。在足球运动中，需要球员具备优秀的随机灵敏性及协调性。

1. 背对传接地滚球

目的：发展转体速度、下肢灵敏及听觉能力。

动作要领：

①双人完成，接球人背对传球人，两人间距不超过20米。

②接球人两脚开立，屈膝前倾，传球人传直线地滚球。

③当听到传球人踢球声，接球人迅速转身用脚接球，完成后双方交换身份，依次循环。

负荷强度：中等，接近或等于最大速率。

次数：6~8次为宜。

组数：2~3组。

间歇：组间间歇30秒，主观感觉为基本恢复或完全恢复。

注意事项：

①需在精神状态良好、体力充沛的情况下进行练习，一般放在训练课的前半部

分，若训练者感到中枢神经过度紧张，立即停止。

②训练前应进行动态激活，尤其是充分拉伸踝关节、膝关节和髋关节；若感到身体不适，应立即停止。

③保证每次练习尽力发挥出当时身体状态下的最大速率。

2. 脚内脚外绕跨标志桶（图6-2-1）

图6-2-1　脚内脚外绕跨标志桶

目的：发展步法、下肢灵敏性。

动作要领：

①准备一个标志桶。

②训练者单脚抬起到标志桶上方，转动大腿根部由内向外或由外向内绕过标志桶。

③快速完成后，换另一侧练习。

负荷强度：大，接近最大速率。

次数：单脚绕跨10次为宜，左右脚共20次。

组数：2~3组。

间歇：组间间歇40秒，主观感觉为基本恢复或完全恢复。

注意事项：

①需在精神状态良好、体力充沛的情况下进行练习，一般放在训练课的前半部分，若训练者感到中枢神经过度紧张，立即停止。

②训练前应进行动态激活尤其是踝关节、膝关节和髋关节的充分拉伸；若感到身体不适，应立即停止。

③保证每次练习尽力发挥出当时身体状态下的最大速率。

3. 射门假动作（图6-2-2）

图6-2-2　射门假动作

目的：发展制动、加减速及下肢反应能力。

动作要领：

①准备一个足球，足球原地不动。

②训练者离球一定距离助跑完成射门动作。

③踢球的正上方，保证不碰到球的同时脚底尽量贴近足球。

负荷强度：中上，接近最大速率。

次数：6~8次为宜。

组数：2~3组。

间歇：组间间歇30秒，主观感觉为基本恢复或完全恢复。

注意事项：

①需在精神状态良好、体力充沛的情况下进行练习，一般放在训练课的前半部分，若训练者感到中枢神经过度紧张，立即停止。

②训练前应进行动态激活，尤其是充分拉伸踝关节、膝关节和髋关节；若感到身体不适，应立即停止。

③助跑尽量保持45°角。向后摆腿幅度要大，做完射门假动作后腿要随惯性自然摆动再落地。

4．单腿跳双绳梯

目的：发展弹跳力、下肢灵敏及身体平衡能力。

动作要领：

①准备两个绳梯并使其并排排列。训练者面向左边绳梯。

②左腿作为支撑腿在左边绳梯格子连续跳跃两次，之后右腿横跨到右边绳梯格子里作为支撑腿再连续跳两次。

③右腿做完后，左腿横跨到左边绳梯格子里作为支撑腿再连续跳两次。

④重复以上练习，直到绳梯另一端。

负荷强度：大。

次数：3～5次为宜。

组数：2～3组。

间歇：组间间歇30秒，主观感觉为基本恢复或完全恢复。

注意事项：

①需在精神状态良好、体力充沛的情况下进行练习，一般放在训练课的前半部分，若训练者感到中枢神经过度紧张，立即停止。

②训练前应进行动态激活，尤其是充分拉伸踝关节、膝关节和髋关节；若感到身体不适，应立即停止。

③保证每次练习尽力发挥出当时身体状态下的最大速率。

5. 绳梯小步跑（图6-2-3）

图6-2-3　绳梯小步跑

目的：发展步法、下肢灵敏及身体协调能力。

动作要领：
①训练者正对绳梯站立，上体稍前倾。
②前脚掌着地，一步一格快速向前，同时手臂前后摆动协调配合。
③动作过程中脚步轻快迅速，尽可能减少前脚掌与地面的接触时间。
负荷强度：中等，接近或等于最大速率。
次数：5~8次为宜。
组数：2~3组。
间歇：组间间歇30秒，主观感觉为基本恢复或完全恢复。

注意事项：
①需在精神状态良好、体力充沛的情况下进行练习，一般放在训练课的前半部分，若训练者感到中枢神经过度紧张，立即停止。
②训练前应进行动态激活，尤其是充分拉伸踝关节、膝关节；若感到身体不适，应立即停止。
③保证每次练习尽力发挥出当时身体状态下的最大速率。

6. 双脚连续前后跳（图6-2-4）

图6-2-4　双脚连续前后跳

目的：发展下肢灵敏及身体协调性。

动作要领：
①训练者站在足球的一边，正对足球。
②开始前，双脚稍分开自然站立，上体稍微前倾。
③起跳时双脚同时用力蹬地，迅速向前双脚跳，越过足球，落地时前脚掌轻巧着地。
④按照同样要求双脚再次向后跳越过足球，重复以上练习。

负荷强度：大，接近或等于最大速率。

次数：20次为宜。

组数：2～3组。

间歇：组间间歇1分钟，主观感觉为基本恢复或完全恢复。

注意事项：

①需在精神状态良好、体力充沛的情况下进行练习，一般放在训练课的前半部分，若训练者感到中枢神经过度紧张，立即停止。

②训练前应进行动态激活，尤其是充分拉伸踝关节、膝关节和髋关节；若感到身体不适，应立即停止。

③保证每次练习尽力发挥出当时身体状态下的最大速率。

7. 渐增距离折返跑

目的：发展加减速的能力和本体意识。

动作要领：

①在距离起点10米、20米、30米、50米、200米处分别放置标志桶。

②开始后，先到达10米标志桶处折返，之后依次在20米、30米、50米、200米处折返。

负荷强度：极大。

次数：1～2次为宜。

组数：2～3组。

间歇：组间间歇5分。

注意事项：

①需在精神状态良好、体力充沛的情况下进行练习，一般放在训练课的前半部分，若训练者感到中枢神经过度紧张，立即停止。

②训练前应进行动态激活，尤其是充分拉伸踝关节、膝关节和髋关节；若感到身体不适，应立即停止。

③保证每次练习尽力发挥出当时身体状态下的最大速率。

第三节 排球

排球运动是双方用手做发球、垫球、传球、扣球和拦网等动作来组织进攻和防守的球类运动项目之一，与足球、篮球并称为"世界三大球"。

1. 跑动接排球（图6-3-1）

图6-3-1 跑动接排球

目的：发展手脚、手眼协调能力及加减速的能力。

动作要领：

①双人完成，接球人站在场地的中间，做准备接球姿势，看准来球方向，提前在来球方向站位准备接球。

②接球时，双手用力前伸，双手合拢两大拇指放置于手心，手臂要灵活，脚步迅速移动，球在哪手在哪。

③传球人分别向接球人四个方向任意抛球。

负荷强度：大。

次数：8~10次为宜。

组数：2~3组。

间歇：组间间歇1分钟，主观感觉为基本恢复或完全恢复。

注意事项：

①需在精神状态良好、体力充沛的情况下进行练习，一般放在训练课的前半部分，若训练者感到中枢神经过度紧张，立即停止。

②训练前应进行动态激活，尤其是充分拉伸踝关节、膝关节和髋关节；若感到身体不适，应立即停止。

③保证每次练习尽力发挥出当时身体状态下的最大速率。

2. 听信号起跑摸线折返（图6-3-2）

图6-3-2　听信号起跑摸线折返

目的：发展加减速、启动及听觉能力。

动作要领：

①训练者在排球场端线后做站立式起跑准备姿势。

②听到信号后，跑向排球场另一端，用手摸端线后马上折返跑回。

负荷强度：大。

次数：2~4次为宜。

组数：2~3组。

间歇：组内间歇30秒，组间间歇1分。

注意事项：

①需在精神状态良好、体力充沛的情况下进行练习，一般放在训练课的前半部分，若训练者感到中枢神经过度紧张，立即停止。

②训练前应进行动态激活，尤其是充分拉伸下肢；若感到身体不适，应立即停止。
③保证每次练习尽力发挥出当时身体状态下的最大速率。

3. 短距离疾跑返回（图6-3-3）

图6-3-3 短距离疾跑返回

目的：发展下肢灵敏性、加减速能力和本体意识。

动作要领：
①训练者站在排球场端线后做站立式起跑准备姿势。
②信号发出后，右脚迅速向前迈出，快到接触点约两步距离时，迅速转身、蹬地、摆臂，加速返回原处。

负荷强度：中上。

次数：8~10次。

组数：2~3组。

间歇：组间间歇1分钟，主观感觉为基本恢复或完全恢复。

注意事项：
①需在精神状态良好、体力充沛的情况下进行练习，一般放在训练课的前半部分，若训练者感到中枢神经过度紧张，立即停止。
②训练前应进行动态激活，尤其是充分拉伸踝关节、膝关节和髋关节；若感到身体不适，应立即停止。

③保证每次练习尽力发挥出当时身体状态下的最大速率。

4. 弓箭步跳跃合掌（图6-3-4）

图6-3-4　弓箭步跳跃合掌

目的：发展步法及手脚协调能力。

动作要领：
①训练者双脚并立，双臂侧平举打开。
②练习开始后，右腿跳跃向前跨出完成弓箭步，此时双掌合十，胸前击掌。回到起始姿势。
③之后换左腿跳跃跨出完成弓箭步，此时双臂打开侧平举，依次循环。
负荷强度：中上。
次数：20次为宜。
组数：2~3组。
间歇：组间间歇30秒，主观感觉为基本恢复或完全恢复。

注意事项：

①需在精神状态良好、体力充沛的情况下进行练习，一般放在训练课的前半部分，若训练者感到中枢神经过度紧张，立即停止。

②训练前应进行动态激活，尤其是充分拉伸踝关节、膝关节和髋关节；若感到身体不适，应立即停止。

③保证每次练习尽力发挥出当时身体状态下的最大速率。

5."T"字形跑（图6-3-5）

图6-3-5 "T"字形跑

目的：发展加减速、变向、身体协调能力。

动作要领：

①准备4个标志桶，按"T"字形摆放，从"T"字形最下的标志桶处出发。

②训练者先直线跑到中间用手触摸标志桶，再向左侧跑动触摸标志桶。

③从左侧标志桶再跑向右侧标志桶后回到起点。

负荷强度：中上。

次数：3~4次为宜。

组数：2~3组。

间歇：组间间歇1分钟。

注意事项：

①需在精神状态良好、体力充沛的情况下进行练习，一般放在训练课的前半部分，若训练者感到中枢神经过度紧张，立即停止。

②训练前应进行动态激活，尤其是充分拉伸踝关节、膝关节和髋关节；若感到身体不适，应立即停止。

③保证每次练习尽力发挥出当时身体状态下的最大速率。

6. 扣球假动作（图6-3-6）

图6-3-6 扣球假动作

目的：发展上肢灵敏性、启动和制动能力及本体意识。

动作要领：

①双人完成，抛球人在网下，击球人离网一定距离，降低重心站立。

②球抛出后，击球人助跑起跳做扣球姿势。

③做假动作击排球或只抬击球手臂不做动作。

负荷强度：中上。

次数：6~8次为宜。

组数：2~3组。

间歇：组间间歇1分钟。

注意事项：

①需在精神状态良好、体力充沛的情况下进行练习，一般放在训练课的前半部分，若训练者感到中枢神经过度紧张，立即停止。

②训练前应进行动态激活，尤其是充分拉伸踝关节、膝关节和肩关节；若感到身体不适，应立即停止。

③保证每次练习尽力发挥出当时身体状态下的最大速率。

第四节 羽毛球

羽毛球是一项隔网运动，双方使用长柄网状小型球拍击打由羽毛和软木制作而成的球，在室内进行比赛。

1. 四方摸球训练（图6-4-1）

图6-4-1 四方摸球训练

目的：发展快速启动、手眼协调能力及动觉意识。

动作要领：

①准备多个羽毛球，散置于半个羽毛球场上。

②训练者降低重心，保持快速移动，上步下蹲摸到一个羽毛球后起身退回原位。

③运用垫步、交叉步等各种步伐。

负荷强度：大。

次数：10次为宜。

组数：3～4组。

间歇：组间间歇30秒。

注意事项：

①需在精神状态良好、体力充沛的情况下进行练习，一般放在训练课的前半部分，若训练者感到中枢神经过度紧张，立即停止。

②训练前应进行动态激活，尤其是充分拉伸踝关节、膝关节、肩关节和髋关节；若感到身体不适，应立即停止。

③保证每次练习尽力发挥出当时身体状态下的最大速率。

2. 抛接羽毛球（图6-4-2）

图6-4-2　抛接羽毛球

目的：发展手眼协调能力、快速起身能力及灵敏性。

动作要领：

①双人完成，准备多个羽毛球。抛球人将羽毛球向接球人上方抛起。

②接球人随即下蹲双手触地，然后迅速起身用右手将羽毛球接住，重复多次。

③相同练习变换为左手接羽毛球，重复多次。两人可以交换角色。

负荷强度：较大。

次数：10次为宜。

组数：2~3组。

间歇：组间间歇1分钟。

注意事项：

①需在精神状态良好、体力充沛的情况下进行练习，一般放在训练课的前半部分，若训练者感到中枢神经过度紧张，立即停止。

②训练前应进行动态激活，尤其是充分拉伸踝关节、膝关节和手腕；若感到身体不适，应立即停止。

③保证每次练习尽力发挥出当时身体状态下的最大速率准确接球。

3. 左右手弧线抛球（图6-4-3）

图6-4-3　左右手弧线抛球

目的：发展上肢灵敏性、手眼协调能力。

动作要领：

①训练者准备一个羽毛球并拿在右手上，双手侧平举。

②右手将羽毛球轻轻抛出，使其经过头顶正上方，并沿弧线朝着左侧落下。

③训练者左手接住落下的羽毛球，再经头上方抛出落到右手，重复练习。

负荷强度：小。

次数：20次为宜。

组数：2~3组。

间歇：组间间歇30秒。

注意事项：

①需在精神状态良好、体力充沛的情况下进行练习，一般放在训练课的前半部分，若训练者感到中枢神经过度紧张，立即停止。

②保证每次练习抛球尽力准确。

4. 无球混合步伐模拟练习（图6-4-4）

图6-4-4　无球混合步伐模拟练习

目的：发展下肢灵敏性、步法能力和本体意识。

动作要领：

①训练者手握羽毛球拍，利用小步跑、高抬腿、后蹬跑、垫步跑、后跳、体前交叉转髋等在羽毛球场内快速随意变换步伐。

②模拟比赛击球场景，结合步伐挥拍。

负荷强度：大。

次数：1次持续2分钟为宜。

组数：2~3组。

间歇：组间间歇2分钟。

注意事项:

①需在精神状态良好、体力充沛的情况下进行练习,一般放在训练课的前半部分,若训练者感到中枢神经过度紧张,立即停止。

②训练前应进行动态激活,尤其是充分拉伸踝关节、膝关节、手腕、肩关节和髋关节;若感到身体不适,应立即停止。

③保证每次步伐移动和挥拍动作准确到位。

5. 交叉步训练(图6-4-5)

图6-4-5　交叉步训练

目的:发展下肢灵敏性。

动作要领:

①训练者双手侧平举,准备开始横向练习。

②髋关节向右侧后转,右脚从身前向左迈一步两腿交叉,左脚横向跟进支撑。

③右脚接着向左迈一步,左脚继续横向跟进支撑,依次循环。

负荷强度:中等。

次数:20~30次为宜。

组数:2~3组。

间歇:组间间歇30秒。

注意事项：

①需在精神状态良好、体力充沛的情况下进行练习，一般放在训练课的前半部分，若训练者感到中枢神经过度紧张，立即停止。

②训练前应进行动态激活，尤其是充分拉伸踝关节、膝关节和髋关节；若感到身体不适，应立即停止。

③保证每次练习尽力发挥出当时身体状态下的最大速率。

6. 空手网前击抛球

目的：发展下肢灵敏性、步法能力及手眼、手脚协调性。

动作要领：
①训练者空手站在羽毛球场网前，教练员准备多个羽毛球。
②教练员可以把羽毛球从网上方或网下方抛出，抛出距离可以离网很近也可以很远。
③训练者快速垫步或滑步移动伸手做击球动作，击打羽毛球，尽量打到对面。
负荷强度：大。
次数：10次为宜。
组数：2～3组。
间歇：组间间歇1分钟。

注意事项：

①需在精神状态良好、体力充沛的情况下进行练习，一般放在训练课的前半部分，若训练者感到中枢神经过度紧张，立即停止。

②训练前应进行动态激活，尤其是充分拉伸踝关节、膝关节和髋关节；若感到身体不适，应立即停止。

③保证每次练习尽力发挥出当时身体状态下的最大速率。

第五节 网球

1. 线上练习1（图6-5-1）

图6-5-1 线上练习1

目的：发展下肢灵敏性及协调性。

动作要领：
①训练者站在网球场底线后，双脚自然开立与肩同宽，脚尖着地、膝关节微屈，双手自然垂于身体两侧。

②练习开始后，训练者右脚向前迈一小步使脚越过底线进入球场，落地时保证脚尖着地，然后迅速收回至底线后，在右脚向后收回至底线的过程中，左脚脚尖着地向前迈一小步越过底线进入球场，随后迅速收回。

③在左脚向后收的同时，右脚重复做刚才的动作，使身体整体向右移动。随后重复以上练习。

负荷强度：每组循环4~6次，做4~6组，每组间歇时间1分钟。

注意事项：

①进行此练习前应充分热身，尤其是膝关节和踝关节，避免运动中发生损伤。

②练习过程中保持身体稍前倾，并始终保持脚尖着地。

③在双脚在底线前后移动的过程中，两手臂要积极配合摆臂。

2. 线上练习2（图6-5-2）

图6-5-2　线上练习2

目的：发展下肢灵敏性及协调性。

动作要领：
①训练者站在网球场底线后，双脚自然开立与肩同宽，脚尖着地、膝关节微屈，双手自然垂于身体两侧。
②练习开始后，训练者双脚同时发力，使身体短暂腾空。在身体腾空时，训练者以髋关节为轴，带动下肢先顺时针转动，转动角度能使左脚踏入球场即可。
③随后双脚继续同时发力使身体腾空，并以髋关节为轴带动下肢逆时针转动，转动角度能使左脚落在底线后、右脚落在球场内即可。随后，重复以上练习。
负荷强度：每组循环4~6次，做4~6组，每组间歇时间1分钟。

注意事项：
①进行此练习前应充分热身，尤其是膝关节和踝关节，避免运动中发生损伤。
②练习过程中保持身体稍微前倾，落地时应屈膝并始终保持脚尖着地，以做好缓冲。
③在髋关节带动下肢转体过程中，两手臂要积极配合摆臂。

3. 正方形练习1

目的：发展下肢灵敏性及协调性。

动作要领：
①在地上画一个正方形，并将正方形平分为4个小正方形，4个小正方形的编号从左至右、从上至下依次为1、2、3、4。
②开始练习时，训练者单脚站立在1号区域，随后按照区域编号进行单腿跳跃。
③当单腿跳跃一圈时，交换另一腿进行跳跃。随后，重复以上练习。
负荷强度：每组循环4~6次，做4~6组，每组间歇时间1分钟。

注意事项：
①进行此练习前应充分热身，尤其是膝关节和踝关节，避免运动中发生损伤。

②练习过程中保持身体稍微前倾，落地时应屈膝并始终保持脚尖着地，以做好缓冲。

③单腿跳跃练习完成后，可以采用双脚并立跳跃重复以上练习。

4．正方形练习2

目的：发展下肢灵敏性及协调性。

动作要领：
①先画好如上一练习所用的正方形方格。

②练习开始前，训练者双脚自然开立站立在大正方形后，动作开始后，训练者两脚脚尖着地，双腿微屈，双脚同时发力并向前跳跃，使两脚分别踏落在3号和4号区域，随后，继续向前跳跃使双脚踏入1号和2号区域。之后，向后跳跃使双脚重新踏入3号和4号区域，之后，双脚蹬地使身体向左前方跳跃，使双脚踏入1号和3号区域，之后跳跃踏入3号和4号区域。

③最后，双脚蹬地使身体向右前方跳跃进入2号和4号区域，随后再次跳跃踏入3号和4号区域。重复以上练习。

负荷强度：每组循环4~6次，做4~6组，每组间歇时间1分钟。

注意事项：
①进行此练习前应充分热身，尤其是膝关节和踝关节，避免运动中发生损伤。

②练习过程中保持身体稍微前倾，落地时应屈膝并始终保持脚尖着地，以做好缓冲。

③动作练习完成后，训练者可以有规律地进行其他变式练习。

5．三角练习1

目的：发展肢体灵敏性、协调性及视觉协调。

动作要领：
①在地上画一个较大的等腰三角形。

②训练者站在三角形右边的一角,然后双腿同时发力进行分腿垫步,落地后立即向左横向移动,围绕三角形一周后继续向左移动到三角形左边的角。随后训练者左腿屈膝脚尖着地使身体制动。随后,立即向右移动围绕三角形一圈。

③绕三角形一周后继续移动至三角形右边的角,随后右脚屈膝使脚尖着地制动。

负荷强度:每组循环4~6次,做4~6组,每组间歇时间1分钟。

注意事项:

①进行此练习前应充分热身,尤其是膝关节和踝关节,避免运动中发生损伤。

②练习过程中要屈膝并始终保持脚尖着地。

6. 三角练习2

目的:发展肢体灵敏性、协调性及视觉协调。

动作要领:

①训练者在地上画一个较大的等腰三角形,并在每一个角上放置一个锥桶。

②练习开始后,训练者自然站立在两底角的中间,随后训练者弯腰用右手拿起右边的锥桶,随后向前移动至三角形顶角,然后用左手拿起顶角的锥桶,同时将右手中的锥桶放在顶角的位置,随后向后倒退至右边底角将左手中的锥桶放在右底角。

③之后,训练者向左移动,用左手拿起左底角的锥桶,然后向前移动,用右手拿起顶角锥桶,并将左手的锥桶放在顶角位置,随后向后倒退,将手中的锥桶放在左边底角位置。随后,重复以上练习。

负荷强度:每组循环4~6次,做4~6组,每组间歇时间1分钟。

注意事项:

①进行此练习前应充分热身,尤其是膝关节和踝关节,避免运动中发生损伤。

②练习过程中要屈膝并始终保持脚尖着地。

7. 地滚网球

目的:发展肢体灵敏性、协调性及视觉协调。

动作要领：

①训练者站在底线后，双脚脚尖交替垫步，双手自然下垂于身体两侧。另一训练者蹲在球场内部中间位置，距离练习的训练者2~2.5米，蹲在球场内的辅助训练者左右各执一球。

②训练开始后，辅助练习的训练者将左手中的球向左前方拨动，同时训练者向右横向移动将球用手重新拨回给辅助练习的训练者。

③在练习的训练者拨球给辅助练习的训练者时，辅助练习的训练者将右手中的球向右前方拨动，此时训练者向左横向移动，随后弯腰用手将球拨回给辅助练习的训练者。随后，重复以上练习。

负荷强度：每组循环4~6次，做4~6组，每组间歇时间1分钟。

注意事项：

①进行此练习前应充分热身，尤其是膝关节和踝关节，避免运动中发生损伤。

②练习过程中要屈膝并始终保持脚尖着地。

③在移动时保持横向移动，身体重心保持相对平稳，不要起伏太大。

8. 网球闹钟

目的：发展下肢及视觉的灵敏性与协调性。

动作要领：

①事先准备6个不同颜色的锥桶或其他辅助训练的道具，并将道具围成一个圆环状，半径长2~2.5米。

②练习的训练者持拍站在圆环的圆心位置，双脚脚尖着地不断地做分腿垫步动作。开始练习时，辅助练习的训练者在一旁随机喊出一个训练道具的颜色，然后练习的运动员迅速跑到该颜色的道具旁并用手触碰，随后立即返回圆心。

③当练习的训练者触碰训练道具往圆心跑动的过程中，辅助练习的训练者随机向一个方向抛出一个球，练习的训练者在回到圆心后再次跑向球的位置并击球，击球后再次回到圆心。重复以上练习。

负荷强度：每组循环8~10次，做8~10组，每组间歇时间1分钟。

注意事项：

①进行此练习前应充分热身，避免运动中发生损伤。

②练习过程中应始终保持脚尖着地，重心保持相对平稳，不要起伏太大。

③辅助练习的训练者抛出的球应尽量距离训练道具远一些，以免道具妨碍训练者击球。

9. 高抛低接球（图6-5-3）

图6-5-3　高抛低接球

目的：发展手眼协调性及反应能力。

动作要领：

①训练者自然站立在无杂物的空地上，一只手握住一个网球并将持球手臂高高举起在头部前上方，并使手臂呈伸直状态。

②随后握球手松开，使球自由落下。球在即将落地时，训练者迅速蹲下，球触地反弹后，蹲下的训练者用持球手抓住反弹的网球。

③恢复初始姿势，重复以上练习。

负荷强度：每组循环8～10次，做8～10组，每组间歇时间30秒。

注意事项：

①训练者在下蹲接处在反弹上升期的球时，注意不要让球砸到脸。

②膝部有伤病的训练者，在进行此项练习时注意不要下蹲得过快。

10. 接后抛反弹球

目的：发展手眼协调性及反应能力。

动作要领：
训练者手中握一只网球背向一面墙站立，距离墙2~2.5米，双腿间距离略比肩宽。练习开始后，训练者向后面的墙上抛球，球抛出后立即转身去接触墙后反弹的球。接住球后，恢复原始姿势和位置，重复以上练习。
负荷强度：每组循环8~10次，做8~10组，每组间歇时间30秒。

注意事项：
①训练者在向后抛球时注意不要用力过大。
②左右手可以交替进行向后抛球练习。

11. 双拍交换颠球（图6-5-4）

图6-5-4　双拍交换颠球

目的：发展手眼协调性。

动作要领：
训练者事先准备好两把网球拍和两个网球。练习开始后，训练者双手手心朝上各持一个球拍，并在球拍的拍面上各放1个网球。然后训练者双手同时发力，使两把球拍上的球交换位置，并使球平稳地落在拍面上。待稳定后，重复以上练习。

负荷强度：每组进行4～6次，做4～6组，每组间歇时间15秒。

注意事项：
①训练者在发力时注意不要用力过大。
②在球即将落到拍子上时，将拍子稍往下移动给球一个缓冲，这样能更稳定地接住球。

12. 双拍摊煎饼

目的：发展手眼协调性及稳定性。

动作要领：
①训练者事先准备好两把网球拍和两个网球。
②练习开始后，训练者微微倾斜手中的球拍，使球以同样的方向沿着拍面边缘滚动。在成功完成一圈的滚动后，按照之前相反的方向使球在拍面沿边缘滚动。
③为进一步增加难度，可以使两球以不同的方向滚动。
负荷强度：每组进行4～6次，做4～6组，每组间歇时间15秒。

注意事项：
训练者让球在拍面滚动时注意不要使球拍倾斜角度过大。

13. 网球打地鼠

目的：发展手眼协调性及反应能力。

动作要领：
①事先准备好两把球拍和至少5个网球，将4个网球堆叠成一个锥状，下边3个球，上边1个球。
②随后，两个训练者各站在球的一侧，然后开始颠球。要求让球在拍子上颠一次后即落地，然后由另一名训练者进行颠球，颠球一次后即让球落地，随后再由第

一名训练者进行颠球。颠球的目的是砸倒堆放在地上的球堆。

③成功砸倒后，将球重新堆叠起来，继续进行此练习。

负荷强度：每组循环2~4次，做1~2组，每组间歇时间15秒。

注意事项：

①颠球时脚步要跟随球一起移动，且训练者每次只能颠球一次。

②球在落地一次后训练者就要立刻去接球。

③放置在地上的球堆被落地的球直接砸倒才算成功。

④颠球时握拍应是手心朝上。

14. 拍拍锤

目的：发展手眼协调性及反应能力。

动作要领：

①两个训练者选择一个高度和宽度合适的桌子或平台，将球放在平台上，训练者各站在平台一侧。

②练习开始时，两个训练者用手掌轮流轻拍网球。在拍球过程中，一方训练者可将平台上的球拿走，当球被一方拿走时，另一方训练者要将掌变拳，并用拳头轻轻锤击平台，随后收回继续变掌。

③将球拿走的训练者在另一方训练者用拳头轻锤平台收回后，将手中的球放回到平台上，然后继续拍球，直到下一次有一方训练者将球拿走，重复以上练习。

负荷强度：每组循环8~10次，做8~10组，每组间歇时间1分钟。

注意事项：

①锤击平台注意力度不要太大。

②整个练习是有节奏进行的，中间停顿时间不宜过长。

15. 双人网球反应训练

目的：发展步法、变向能力与随机灵敏性，以及提升球性。

动作要领：

①训练者和教练员面对面，相距2米的距离，训练者呈马步姿势，单手持球。

②教练员双手各持一个网球，依次向训练者抛去。

③训练者需要在运球（单手大力运球、体前变向、胯下换手、背后运球依次进行）的过程中，抓住教练员抛来的球，并准确地传回教练员手中。

负荷强度：中等或中等偏上，接近或等于最大速率。16~20次为宜（单手各接8~10次）。组间间歇1分钟、1分15秒，依次递增15秒，主观感觉为基本恢复或完全恢复。

注意事项：

①需在精神状态良好、体力充沛的情况下进行练习，一般放在训练课的主要部分，若训练者感到中枢神经过度紧张，立即停止。

②训练前应进行动态激活，尤其是下肢肌群的充分拉伸；若感到身体不适，应立即停止。

③保证每次练习尽力发挥出当时身体状态下的最大速率。

第六节 乒乓球

1. 往返滑步取球

目的：发展下肢灵敏性以及手眼、手脚协调性。

动作要领：

①准备两个盆，其中一盆有乒乓球，两盆相距3米。

②训练者从空盆处出发迅速滑步移动到有球盆处取出一颗乒乓球。

③取出乒乓球后迅速变向跑回到原来空盆位置放球，如此往复，直到球全部取完。

负荷强度：极大。

次数：1~2次为宜。

组数：1~2组。

间歇：组间间歇2分钟。

注意事项：

①需在精神状态良好、体力充沛的情况下进行练习，一般放在训练课的前半部分，若训练者感到中枢神经过度紧张，立即停止。

②训练前应进行动态激活，尤其是充分拉伸踝关节、膝关节和髋关节；若感到身体不适，应立即停止。

③保证尽力发挥出当时身体状态下的最大速率。

2. 往返滑步摸球台（图6-6-1）

图6-6-1　往返滑步摸球台

目的：发展步法、手脚协调性以及身体灵敏性。

动作要领：
①训练者从距乒乓球台10米的位置出发，重心下降，滑步用手摸乒乓球台后返回。
②从不同方向触摸球台的各个区域。
负荷强度：较大。
次数：10次为宜。
组数：2～3组。
间歇：组间间歇30秒。

注意事项：
①需在精神状态良好、体力充沛的情况下进行练习，一般放在训练课的前半部分，若训练者感到中枢神经过度紧张，立即停止。
②训练前应进行动态激活，尤其是充分拉伸踝关节、膝关节和髋关节；若感到身体不适，应立即停止。
③保证每次练习尽力发挥出当时身体状态下的最大速率。

3. 看手势变方向移动（图6-6-2）

图6-6-2 看手势变方向移动

目的：发展下肢灵敏性、变向能力以及视觉、本体意识。

动作要领：
①训练者绕乒乓球台外围跑圈，教练员在球台旁边位置摆出一定手势。
②当摆出"1~4"的手势训练者不改变跑动方向，当摆出"5"的手势训练者立刻转身反向跑动。

负荷强度：中上。
次数：持续3分为宜。
组数：2~3组。
间歇：组间间歇1分钟。

注意事项：
①需在精神状态良好、体力充沛的情况下进行练习，一般放在训练课的前半部分，若训练者感到中枢神经过度紧张，立即停止。
②训练前应进行动态激活，充分拉伸；若感到身体不适，应立即停止。
③保证每次练习尽力发挥出当时身体状态下的最大速率。
④高度集中注意力观察教练员手势。

4. 空手接扣杀球（图6-6-3）

图6-6-3　空手接扣杀球

目的：发展手眼协调性、上肢反应。

动作要领：

①训练者与教练员在乒乓球台两边面对面，教练员有球拍，训练者空手且离球台2米。

②教练员大力扣杀乒乓球，使乒乓球落在对面球台后高高弹起，训练者试图用手接住。

负荷强度：中等。

次数：20次为宜。

组数：2～3组。

间歇：组间间歇30秒。

注意事项：

①需在精神状态良好、体力充沛的情况下进行练习，一般放在训练课的前半部分，若训练者感到中枢神经过度紧张，立即停止。

②训练前应进行动态激活，充分拉伸；若感到身体不适、精神状况不佳，应立即停止。

5. 徒手正手挥拍

目的：发展上肢灵敏性和本体意识。

动作要领：

①训练者两脚开立，重心降低，徒手做正手挥拍动作。

②每次挥拍都伴随上肢重心的轻微移动。

负荷强度：中等。

次数：50次为宜。

组数：2～3组。

间歇：组间间歇30秒。

注意事项：

①需在精神状态良好、体力充沛的情况下进行练习，一般放在训练课的前半部分，若训练者感到中枢神经过度紧张，立即停止。

②训练前应进行动态激活，尤其是充分拉伸肘关节和髋关节；若感到身体不适，应立即停止。

③保证每次练习尽力发挥出当时身体状态下的最大速率。

6. 乒乓球打墙壁（图6-6-4）

图6-6-4　乒乓球打墙壁

目的：发展手眼协调性、身体灵敏性以及视觉意识。

动作要领：

①训练者面对墙壁，间距2～5米。

②训练者手持球拍面向墙壁正反手击球。

③尽量不让乒乓球落地。

负荷强度：中上。

次数：50次为宜。

组数：2～3组。

间歇：组间间歇30秒。

注意事项：

①需在精神状态良好、体力充沛的情况下进行练习，一般放在训练课的前半部分，若训练者感到中枢神经过度紧张，立即停止。

②训练前应进行动态激活，尤其是充分拉伸手肘和手腕；若感到身体不适，应立即停止。

③保证每次练习尽力发挥出当时身体状态下的最大速率。

7. 1/4台垫步

目的：发展步法能力及下肢灵敏性。

动作要领：

①训练者从乒乓球台一端出发，每次都垫步移动到侧面球台1/4处，之后以同样方式返回。

②先朝着右侧1/4台处垫步，再向左侧垫步。

次数：15次为宜。

组数：2～3组。

间歇：组间间歇30秒。

注意事项：

①需在精神状态良好、体力充沛的情况下进行练习，一般放在训练课的前半部分，若训练者感到中枢神经过度紧张，立即停止。

②训练前应进行动态激活，尤其是充分拉伸膝关节和踝关节；若感到身体不适，应立即停止。

③保证每次练习尽力发挥出当时身体状态下的最大速率。

第七节　柔力球

柔力球又称太极柔力球，是一项轻灵柔和的运动，能够全面锻炼身体机能，使大小肌肉群、颈椎、肩、腰、手指等身体部位得到很好的活动。

1. 垂立拍绕（图6-7-1）

图6-7-1 垂立拍绕

目的：发展手眼协调性及上肢灵敏性。

动作要领：

①准备一拍一球，训练者双脚开立，正手持拍。

②开始后，持拍手抬起，在头部绕半圆，腋窝打开，另一只手置于另一侧腋窝前。

③手肘紧贴后脑，拍尖朝下，下半身不动，头部和上半身向拍子一侧倾斜。保持5秒后还原站立，左右手可互换，重复此动作。

负荷强度：小。

次数：10~20次为宜。

组数：2~3组。

间歇：组间间歇30秒。

注意事项：

①需在精神状态良好、体力充沛的情况下进行练习，一般放在训练课的前半部分，若训练者感到中枢神经过度紧张，立即停止。

②训练前应进行动态激活，尤其是充分拉伸腰部、手肘和肩关节；若感到身体不适，应立即停止。

③保证每次练习尽力发挥出当时身体状态下的最大动作幅度。

2. 点翻（图6-7-2）

图6-7-2 点翻

目的：发展手眼协调性、视觉意识及上肢灵敏性。

动作要领：
①准备一拍一球，训练者双脚开立，正手持拍。
②开始后，上半身向持拍手一侧后转，下半身不动。
③头部向后转，眼睛看球，另一只手侧平举，身体稍弯，保持5秒后还原站立，左右手互换，重复此动作。
负荷强度：小。
次数：10~20次为宜。
组数：2~3组。
间歇：组间间歇30秒。

注意事项：
①需在精神状态良好、体力充沛的情况下进行练习，一般放在训练课的前半部分，若训练者感到中枢神经过度紧张，立即停止。
②训练前应进行动态激活，尤其是充分拉伸头部、手腕、腰背部和肩关节；若感到身体不适，应立即停止。
③保证每次练习尽力发挥出当时身体状态下的最大动作幅度。

3. 转体翻绕（图6-7-3）

图6-7-3　转体翻绕

目的：发展手眼、手脚协调性及身体灵敏性。

动作要领：

①准备一拍一球，训练者双脚开立，正手持拍。

②开始后，左右脚交叉，左脚在前，右臂持拍平举打开，左臂上扬过头顶，然后顺势转体。

③左脚向左迈开，右臂保持不动，左臂放下带动身体转圈360°，重复此动作。

负荷强度：中下。

次数：4~6次为宜。

组数：2~3组。

间歇：组内间歇10秒，组间间歇30秒。

注意事项：

①需在精神状态良好、体力充沛的情况下进行练习，一般放在训练课的前半部分，若训练者感到中枢神经过度紧张，立即停止。

②训练前应进行动态激活，充分拉伸；若感到身体不适，应立即停止。

③保证每次练习尽力发挥出当时身体状态下的最大动作幅度。

4. 后抛侧接（图6-7-4）

图6-7-4　后抛侧接

目的：发展手眼协调性、上肢灵敏性以及本体、视觉意识。

动作要领：

①准备一拍一球，训练者双脚开立，正手持拍。

②身体重心偏向空手的一侧，持拍手臂向后用力划弧，向正上方甩出柔力球。

③柔力球自由落下，训练者手臂回正正手持拍接住。

负荷强度：中等。

次数：6~8次。

组数：3~4组。

间歇：组间间歇30秒。

注意事项：

①需在精神状态良好、体力充沛的情况下进行练习，一般放在训练课的前半部分，若训练者感到中枢神经过度紧张，立即停止。

②训练前应进行动态激活,尤其是充分拉伸手腕、手肘、腰背部和肩关节;若感到身体不适,应立即停止。

③保证每次练习尽力发挥出当时身体状态下的最大动作幅度。

5. 燕式平衡(图6-7-5)

图6-7-5 燕式平衡

目的:发展手眼协调性及上肢灵敏性。

动作要领:

①准备一拍一球,以右手持拍为例,训练者向左平举柔力球,两腿并拢,上半身向左后转90°,重心偏左,呈蓄势待发状态。

②随后双手向前上方举起,右脚向右侧跨步,顺势右摆。

③拍子横向划弧,双臂平举保持不动,重心偏右,左脚尖点地。

④动作结束后,身体回正保持站立。

负荷强度：中等。
次数：4~6次为宜。
组数：2~3组。
间歇：组间间歇30秒。

注意事项：

①需在精神状态良好、体力充沛的情况下进行练习，一般放在训练课的前半部分，若训练者感到中枢神经过度紧张，立即停止。

②训练前应进行动态激活，尤其是充分拉伸手腕、手肘和肩关节；若感到身体不适，应立即停止。

③保证每次练习尽力发挥出当时身体状态下的最大动作幅度和速率。

6. 立旋绕抛（图6-7-6）

图6-7-6 立旋绕抛

目的：发展手眼协调性及上肢灵敏性。

动作要领：
①准备一拍一球，训练者双脚开立，持拍手臂前上举。
②随后持拍手臂通过肩部绕旋，控制球拍由上向下、由下向上运动。柔力球在这个过程中可微微抛起。

负荷强度：中等。
次数：8～10次为宜。
组数：3～4组。
间歇：组间间歇30秒。

注意事项：
①需在精神状态良好、体力充沛的情况下进行练习，一般放在训练课的前半部分，若训练者感到中枢神经过度紧张，立即停止。
②训练前应进行动态激活，尤其是充分拉伸手腕、手肘和肩关节；若感到身体不适，应立即停止。
③保证每次练习尽力发挥出当时身体状态下的最大动作幅度和速率。

第八节　荷球

荷球起源于荷兰，规则近似篮球，用球近似足球，一队4人，一根篮柱位于球场中央，顶端配有球篮，球篮为无底圆筒形，无篮板。它的规则与篮球基本相同，但是不能持球跑动、不能运球，与篮球相比更讲究策略性和合作性。

1. 十字格小步跑

目的：发展下肢灵敏性。

动作要领：
①将一个大正方形分成4个小方格。训练者屈膝准备，站在十字格右下方格。

②小步跑5秒后向左跨一步到左下方格再小步跑5秒。

③接下来移动到左上方格完成小步跑，再移动到右上方完成。

④如此完成每个空格内的小步跑动作。

负荷强度：大。

次数：转1圈为1次，2~4次为宜。

组数：2~3组。

间歇：组间间歇1分钟。

注意事项：

①需在精神状态良好、体力充沛的情况下进行练习，一般放在训练课的前半部分，若训练者感到中枢神经过度紧张，立即停止。

②训练前应进行动态激活，尤其是充分拉伸踝关节、膝关节和髋关节；若感到身体不适，应立即停止。

③保证每次练习尽力发挥出当时身体状态下的最大速率。

2. 高抬腿横向跑摸锥桶（图6-8-1）

图6-8-1 高抬腿横向跑摸锥桶

目的：发展下肢灵敏性、手眼和手脚协调性。

动作要领：
①在地面上左右两侧各放置一个锥桶，间距3~5米。
②动作开始，训练者从一端出发先用手触摸最近的锥桶，然后横向快速高抬腿移动至另一锥桶处。
③触碰该锥桶后再横向高抬腿移动至起始位置，左右循环往复，直至完成规定次数。

负荷强度：极大。

次数：4次为宜。

组数：2~3组。

间歇：组间间歇1分钟。

注意事项：
①需在精神状态良好、体力充沛的情况下进行练习，一般放在训练课的前半部分，若训练者感到中枢神经过度紧张，立即停止。
②训练前应进行动态激活，充分拉伸；若感到身体不适，应立即停止。
③保证每次练习尽力发挥出当时身体状态下的最大速率。

3. 抱球"Z"字形跑

目的：发展变向、下肢灵敏性。

动作要领：
①训练者双手抱一个荷球，按照"Z"字形跑动适当距离。
②按相同方式返回。

负荷强度：较大。

次数：5次为宜。

组数：2~3组。

间歇：组间间歇1分钟。

注意事项：

①需在精神状态良好、体力充沛的情况下进行练习，一般放在训练课的前半部分，若训练者感到中枢神经过度紧张，立即停止。

②训练前应进行动态激活，尤其是充分拉伸踝关节、膝关节和髋关节；若感到身体不适，应立即停止。

③保证每次练习尽力发挥出当时身体状态下的最大速率。

4. 障碍物躲闪跑（图6-8-2）

图6-8-2 障碍物躲闪跑

目的：发展变向、制动能力及下肢灵敏性。

动作要领：

①准备4个标志桶充当障碍物，可以间隔适当距离摆成"1"字形、"Z"字形或其他。

②训练者绕过障碍物做快速躲闪动作。

负荷强度：大。

次数：5次为宜。

组数：2~3组。

间歇：组间间歇1分钟。

注意事项：

①需在精神状态良好、体力充沛的情况下进行练习，一般放在训练课的前半部分，若训练者感到中枢神经过度紧张，立即停止。

②训练前应进行动态激活，尤其是充分拉伸踝关节、膝关节和髋关节；若感到身体不适，应立即停止。

③保证每次练习尽力发挥出当时身体状态下的最大速率。

5. 螃蟹走加腰间绕球

目的：发展肩关节灵活性、上肢反应能力及身体协调性。

动作要领：

①训练者从荷球场边线出发，侧身对着前进方向。

②开始横向高频率螃蟹走，同时将手中荷球按照顺时针或逆时针方向从身前绕至身后，另一只手在后腰接住球绕到身前。

③当移动到荷球场另一侧边线后调转方向继续侧身做相同练习回到起点位置。

负荷强度：中等偏上。

次数：3~5次为宜。

组数：2~3组。

间歇：组间间歇30秒。

注意事项：

①需在精神状态良好、体力充沛的情况下进行练习，一般放在训练课的前半部分，若训练者感到中枢神经过度紧张，立即停止。

②训练前应进行动态激活，尤其是充分拉伸踝关节、膝关节和肩关节；若感到

身体不适，应立即停止。
③手臂绕球速度不宜过快。

6. 听信号起跑摸线折返

目的：发展反应速度及听觉意识。

动作要领：
①训练者在场地边线后做站立式起跑准备姿势。
②听到信号后，跑向场地另一端，用手摸端线后马上折返跑回。
负荷强度：大。
次数：2~4次为宜。
组数：2~3组。
间歇：组内间歇30秒，组间间歇1分钟。

注意事项：
①需在精神状态良好、体力充沛的情况下进行练习，一般放在训练课的前半部分，若训练者感到中枢神经过度紧张，立即停止。
②训练前应进行动态激活，尤其是充分拉伸下肢；若感到身体不适，应立即停止。
③保证每次练习尽力发挥出当时身体状态下的最大速率。

第九节　柔道

柔道是一种两人徒手较量的竞技运动，柔道攻击防守的对练和以柔克刚、刚柔相济的技术特点可使身体的敏捷性、灵活性、力量和精神品质都得到锻炼与发展。

1. 仰卧躯干滑行（图6-9-1）

目的：发展身体协调性和下肢反应能力。

图6-9-1 仰卧躯干滑行

动作要领：
①训练者仰卧姿势躺在道场地面，屈膝，双脚踩地。
②脚后跟发力，带动全身，背部着地仰卧滑行一定距离。
负荷强度：中等。
次数：3~5次为宜。
组数：2~3组。
间歇：组间间歇30秒。

注意事项：
①需在精神状态良好、体力充沛的情况下进行练习，一般放在训练课的前半部分，若训练者感到中枢神经过度紧张，立即停止。
②训练前应进行动态激活，尤其是充分拉伸踝关节、膝关节、髋关节和肩关节；若感到身体不适，应立即停止。

2. 侧手翻接侧踢

目的：发展身体灵敏性、协调性及下肢反应能力。

动作要领：
①训练者在较柔软地面做侧手翻。

②侧手翻落地后紧接着做1个侧踢。

负荷强度：中上。

次数：4~6次。

组数：2~3组。

间歇：组间间歇30秒。

注意事项：

①需在精神状态良好、体力充沛的情况下进行练习，一般放在训练课的前半部分，若训练者感到中枢神经过度紧张，立即停止。

②训练前应进行动态激活，充分拉伸；若感到身体不适，应立即停止。

③保证每次练习尽力发挥出当时身体状态下的最大速率。

3. 跨跳变向跑

目的：发展变向能力及身体灵敏性。

动作要领：

①训练者在道场范围内直线向前跨跳。

②跨跳适当距离后猛然变向，之后继续做跨跳跑动作。

负荷强度：大。

次数：20次为宜。

组数：2~3组。

间歇：组间间歇1分钟。

注意事项：

①需在精神状态良好、体力充沛的情况下进行练习，一般放在训练课的前半部分，若训练者感到中枢神经过度紧张，立即停止。

②训练前应进行动态激活，尤其是充分拉伸踝关节、膝关节和髋关节；若感到身体不适，应立即停止。

③保证每次练习尽力发挥出当时身体状态下的最大速率。

4. 弓箭步转体（图6-9-2）

图6-9-2　弓箭步转体

目的：发展步法能力及身体灵敏性。

动作要领：

①训练者双脚站立，开始后做弓箭步动作，固定下半身，上半身向一侧转90°，然后回正。

②回正后另一腿前跨弓箭步，上半身向另一侧转90°，然后回正。

③重复此动作直到前行一定距离。

负荷强度：大。

次数：10次为宜。

组数：2～4组。

间歇：组间间歇30秒。

注意事项：

①需在精神状态良好、体力充沛的情况下进行练习，一般放在训练课的前半部分，若训练者感到中枢神经过度紧张，立即停止。

②训练前应进行动态激活，尤其是充分拉伸踝关节、膝关节、髋关节和腰部；若感到身体不适，应立即停止。

③保证每次练习尽力发挥出当时身体状态下的最大速率。

5. 立卧撑跳（图6-9-3）

图6-9-3 立卧撑跳

目的：发展弹跳能力、身体灵敏性及手脚协调性。

动作要领：
①训练者保持站姿，屈膝微蹲。
②迅速俯身双手着地双腿向后蹬，身体呈俯卧撑的姿势并做一次俯卧撑。
③撑手，双腿快速收回变微蹲姿势，随后身体向上跳起，双手向上举过头顶。
负荷强度：大。
次数：5~10次为宜。
组数：2~3组。
间歇：组间间歇30秒。

注意事项：
①需在精神状态良好、体力充沛的情况下进行练习，一般放在训练课的前半部分，若训练者感到中枢神经过度紧张，立即停止。
②训练前应进行动态激活，充分拉伸；若感到身体不适，应立即停止。
③保证每次练习尽力发挥出当时身体状态下的最大速率。

6. 30米倒退"Z"字形跑

目的：发展本体意识、身体平衡能力及下肢灵敏性。

动作要领：
①训练者背对前进方向，屈膝，双脚开立。
②沿着"Z"字形倒退跑，先向右侧横向移动后再向左后方移动，之后向右侧横向移动，完成"Z"字形倒退跑。
③到达30米处指定位置后，转身反向继续"Z"字形后退跑。
负荷强度：中等。
次数：4次为宜。
组数：2~3组。
间歇：组间间歇30秒。

注意事项：
①需在精神状态良好、体力充沛的情况下进行练习，一般放在训练课的前半部分，若训练者感到中枢神经过度紧张，立即停止。
②训练前应进行动态激活，尤其是充分拉伸踝关节、膝关节和髋关节；若感到身体不适，应立即停止。
③保证每次练习尽力发挥出当时身体状态下的最大速率。

第十节　游泳

游泳是通过四肢有规律地挥摆，使身体在水中有规律运动的体育项目。

1. 陆上模仿蝶泳（图6-10-1）

目的：发展身体平衡能力、核心力量及上肢灵敏性。

图6-10-1　陆上模仿蝶泳

动作要领：
①训练者下半身及腹部趴在任意平台器械上，双腿夹紧，上半身保持悬空。
②双臂张开摆动，模拟蝶泳动作。
负荷强度：大。
次数：8~10次为宜。
组数：3~4组。
间歇：组间间歇30秒。

注意事项：
①需在精神状态良好、体力充沛的情况下进行练习，一般放在训练课的前半部分，若训练者感到中枢神经过度紧张，立即停止。
②训练前应进行动态激活，尤其是充分拉伸肩关节和腰背部；若感到身体不适，应立即停止。
③保证每次练习尽力发挥出当时身体状态下的最大动作幅度和速率。

2. 带式踢腿

目的：发展下肢灵敏性。

动作要领：
①准备一条短绳子或弹力带，捆绑在小腿下部，脚后跟微微抬起。
②训练者仰卧在垫子上，脚背绷直，脚尖下压，通过髋关节变化带动左右腿像

自由泳时一样上下踢打。

负荷强度：大。

次数：15~30次为宜。

组数：2~4组。

间歇：组间间歇30秒。

注意事项：

①需在精神状态良好、体力充沛的情况下进行练习，一般放在训练课的前半部分，若训练者感到中枢神经过度紧张，立即停止。

②训练前应进行动态激活，充分拉伸髋关节；若感到身体不适，应立即停止。

③保证每次练习尽力发挥出当时身体状态下的最大动作幅度和速率。

3. 蛙泳腿跪起

目的：发展下肢反应能力及灵敏性。

动作要领：

①准备一个垫子，训练者以蛙泳姿跪坐在垫上。

②保持不动，通过下肢发力起身。

负荷强度：中等。

次数：6~10次为宜。

组数：2~4组。

间歇：组间间歇30秒。

注意事项：

①需在精神状态良好、体力充沛的情况下进行练习，一般放在训练课的前半部分，若训练者感到中枢神经过度紧张，立即停止。

②训练前应进行动态激活，尤其是充分拉伸髋关节、膝关节和踝关节；若感到身体不适，应立即停止。

③保证每次练习尽力发挥出当时身体状态下的最大动作幅度。

4. 腿筋伸卷（图6-10-2）

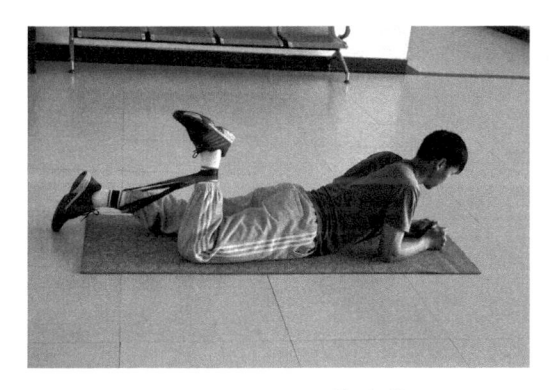

图6-10-2 腿筋伸卷

目的：发展下肢灵敏性。

动作要领：
①准备一条短绳子或弹力带，捆绑小腿。
②训练者趴在垫子上两肘撑地，脚尖向上翘起，通过膝关节变化带动两小腿上下拍打。
负荷强度：大。
次数：15~30次为宜。
组数：2~4组。
间歇：组间间歇30秒。

注意事项：
①需在精神状态良好、体力充沛的情况下进行练习，一般放在训练课的前半部分，若训练者感到中枢神经过度紧张，立即停止。
②训练前应进行动态激活，充分拉伸；若感到身体不适，应立即停止。
③保证每次练习尽力发挥出当时身体状态下的最大动作幅度和速率。

5. 弹力带剪刀踢（图6-10-3）

图6-10-3　弹力带剪刀踢

目的：发展下肢灵敏性以及身体协调性。

动作要领：

①准备一条短绳子或弹力带，捆绑小腿，两腿抬起，双腿交叉呈剪刀状。

②训练者仰卧在垫子上，脚背绷直，脚尖下压，通过髋关节变化带动左右腿上下左右交叉变换。

负荷强度：大。

次数：15～30次为宜。

组数：2～4组。

间歇：组间间歇30秒。

注意事项：

①需在精神状态良好、体力充沛的情况下进行练习，一般放在训练课的前半部分，若训练者感到中枢神经过度紧张，立即停止。

②训练前应进行动态激活，尤其是充分拉伸髋关节；若感到身体不适，应立即停止。

③保证每次练习尽力发挥出当时身体状态下的最大动作幅度和速率。

④每次交叉都应达到两膝关节上下重叠。

6. 身高蠕动（图6-10-4）

图6-10-2　身高蠕动

目的：发展手脚协调性和身体灵敏性。

动作要领：

①训练者腿伸直，双手触地。

②随后双手向前爬行，下肢保持不动。

③当爬行到最大身高长度时，上肢保持不动，双脚向前走至最大距离，依此移动一定距离。

负荷强度：大。

次数：4~8次为宜。

组数：2~4组。

间歇：组间间歇50秒。

注意事项：

①需在精神状态良好、体力充沛的情况下进行练习，一般放在训练课的前半部分，若训练者感到中枢神经过度紧张，立即停止。

②训练前应进行动态激活，充分拉伸；若感到身体不适，应立即停止。

③保证每次练习尽力发挥出当时身体状态下的最大动作幅度和速率。